MICHAEL KIBLER | KERSTIN SCHUMACHER

Darmstadts Verschwundene Orte

ÜBERRASCHENDE GESCHICHTEN AUS DER STADT DER HEINER

Echo
Wir sind VRM

Kibler, Michael; Schumacher Kerstin;
Darmstadts verschwundenen Orte – Überraschende Geschichten
aus der Stadt der Heiner

ECHO in Kooperation mit:
Bast Medien GmbH, St.-Ulrich-Str. 11, 88662 Überlingen
(verantwortlich)
3. Auflage 2023
ISBN: 978-3-946581-83-3

Lektorat: Lena Bast
Fotografie: Guido Schiek
Covergestaltung: Melanie Kunze
Layout: Melanie Kunze
Satz: Melanie Kunze
Druck: Mohn Media Mohndruck GmbH Güterloh

Von den Machern der preisgekrönten Reihe „Geheimnisse der Heimat“

Inhalt

Vorwort

Wahrscheinlich haben die Darmstädter kein längeres Gedächtnis als die Bewohner anderer Städte auch. Aber manchmal ist die Hartnäckigkeit auffallend, mit der sie am Vergangenen hängen. Man trifft tatsächlich noch Menschen, die beim Stichwort „Datterich-Klause“ sofort von den hölzernen Seideln berichten, in die dort das Bier gezapft wurde. Alle sind sich einig darüber, dass es aus Gläsern besser geschmeckt hätte. Aber nostalgische Erinnerung liebt das Detail, das sie über den zeitlichen Abstand hinweg lebendig hält.

An solchen Details ist dieses Buch reich, das die lange Liste der Darmstadt-Literatur um geschätzt einen lohnenden Regalzentimeter wachsen lässt. Kerstin Schumacher und Michael Kibler haben die verschwundenen Orte der Stadt nicht nur aufgespürt und die Differenz zwischen Vergangenheit und Gegenwart registriert. Sie haben in gründlicher Recherche jene Kleinigkeiten gefunden, die uns das sinnliche Erleben des Vergangenen nahebringen. Vor allem aber haben sie jene Menschen getroffen, durch deren praktizierte Erinnerung das frühere Darmstadt lebendig bleibt, sei es, weil sie es noch selbst erlebt haben, sei es, weil sie als Kenner seiner Geschichte jene Expertise liefern konnten, die sich in keinem Lexikon findet.

Diese Paten des Verschwundenen geben dem Buch seinen besonderen Reiz. Im Mittelpunkt aber stehen die Orte selbst. Und in ihrer klugen Auswahl haben Schumacher und Kibler sich nicht beschränkt auf Plätze und Gebäude. Sie haben auch die Alltagskultur einbezogen und die Stadtgestaltung, wenn sie etwa die Kugellampen in der Ernst-Ludwig-Straße in Beziehung setzen zur Pavillon-Möblierung dieser Einkaufsstraße. Die gibt es natürlich noch, aber ohne Lampen, Häuschen und Vitrinen ist dieser Ort ein anderer geworden.

Traurig muss man darüber nicht sein. Wie überhaupt die Haltung dieses Buches nicht zum Jammern über das Verlorene animiert, sondern zum Staunen über das Gewesene. Je nach Generation der Leserinnen und Leser dürften einige Kapitel auch zum Sprungbrett der eigenen Erinnerung werden, an die Fahrt mit dem Vater, der seinen ersten Käfer wahrscheinlich bei Wiest in der Heinrichstraße gekauft hatte, zum Bau-Muster-Haus oder zum Einkauf bei Tritsch und Heppenheimer, wobei das Auto wahrscheinlich im Fina-Parkhaus abgestellt wurde. Später zwängte man sich durch den Straßenbahnwaggon in Lopo's Werkstatt oder bestellte einen Imbiss bei „Wein-Krüger", dem letzten Lokal, das im traditionsreichen Hotel Traube Gäste empfangen hat. Vielleicht nach einem Besuch im City-Kino in der Schulstraße: einer jener verschwundenen Orte, die sich für eine Fortsetzung dieses Buches anbieten.

Solche Gedankenreisen an der Schnittstelle zwischen privatem und kollektivem Gedächtnis lassen sich mit Hilfe dieser kundigen Miniaturen antreten. Wie in der Archäologie legen sie Schichten der Erinnerung frei und öffnen kleine Gucklöcher in die Vergangenheit.

Und viele der Kapitel haben das Trauma der Brandnacht im Hintergrund, das auch in den nachfolgenden Generationen noch wach ist. Sie lassen ahnen, dass Darmstadt eine ganz andere Stadt gewesen sein muss. Die gesamte Altstadt ist ein verschwundener Ort, auch wenn sie beileibe nicht so romantisch war, wie es die Vorstellung des Datterich-Biedermeier sich gerne ausmalt. In den Jahrzehnten vor ihrer Zerstörung war sie, wie man heute sagen würde, zum sozialen Brennpunkt geworden. Wer es sich leisten konnte, floh in die besseren Quartiere. Wahrscheinlich haben die Menschen aus Darmstadt und Südhessen noch viele weitere verschwundene Orte, an die sie sich erinnern. Und es gibt sicherlich viele private verschwundene Orte, von denen kein Buch je erzählen wird, wahrscheinlich zum Glück. Über alles Lesevergnügen hinaus erteilt dieser Band, die entsprechende Stimmung vorausgesetzt, auch eine Lektion der Vergänglichkeit. Es gibt Ecken in Darmstadt, da ist diese Vorstellung ein Trost: Wir alle leben in den verschwundenen Orten von morgen.

Ihr

Johannes Breckner
Ressortleiter Kultur, Redaktion Darmstadt & Südhessen
ECHO-Zeitungen

Autoren und Fotograf

Michael Kibler, Jahrgang 1963, ist in Heilbronn geboren. 1992 begann er im Bastei-Verlag für mehrere Heft-Reihen Romane zu schreiben. Den ersten Krimi *Madonnenkinder* veröffentlichte er 2005. Dem Team um Steffen Horndeich, das in der südhessischen Kleinmetropole Darmstadt – des Autors Wahl-Heimat – ermittelt, ist er bis heute in mehr als zehn Romanen treu geblieben. Kibler schreibt auch Sachbücher und hat schon einige Krimi-Kurzgeschichten veröffentlicht. Zudem arbeitet er als Texter und in der PR-Branche.

Guido Schiek, Jahrgang 1964, ist in Lengfeld im Odenwald geboren. Er ist seit Anfang der 1990er-Jahre als Foto-Redakteur für die *ECHO*-Zeitungen aktiv, wo er auch sein Volontariat absolvierte. Zuvor studierte er an der Goethe-Universität in Frankfurt Germanistik und Theater-, Film- und Fernsehwissenschaften. Der Fotograf, der seit 2016 zum Team der VRM-Bildredakteure gehört, hat schon an verschiedenen Buchpublikationen mitgewirkt. Zudem ist er in seiner Heimatgemeinde aktiv und leitet seit Jahren den Fotoclub Otzberg.

Kerstin Schumacher, Jahrgang 1981, ist seit 2011 Redakteurin der *ECHO*-Zeitungen und arbeitet seitdem in den Redaktionen Darmstadt und Heppenheim. Zuvor studierte sie Geschichte an der TU Darmstadt. Sie wirkte bereits an regionalen Buchpublikationen mit und verfasste Artikel für diverse Herausgeber, darunter Hintergründe und Reportagen für den Verlag *Spektrum der Wissenschaft*. 2012 wurde sie als Nachwuchs-Autorin mit dem Niebergallpreis ausgezeichnet. Kerstin Schumacher lebt mit ihrer Familie in Darmstadt.

Ein Restaurant in einer DC4 mitten auf dem Parkplatz eines Einkaufszentrums in der Rheinstraße: So etwas gab es nur in Darmstadt.

Flugzeug-Restaurant

Der Flieger auf dem Parkplatz

Eine Currywurst mit Pommes, eine Cola dazu, der Blick fällt aus den kleinen runden Fenstern auf die Tragfläche des Fliegers. Doch unter dem Flügel schweben keine Wolken. Vielmehr blickt der Speisende auf Asphalt mit zahlreichen Parkplatzmarkierungen für Autos. Der Pilot hat sich jedoch nicht verflogen, sondern der Flieger steht absichtlich vor einem großen Einkaufszentrum in Darmstadt. Und sein Ziel besteht schon seit geraumer Zeit nicht mehr darin, Menschen von A nach B zu fliegen, sondern ist vielmehr, für das leibliche Wohl der Gäste zu sorgen.

Der Parkplatz hat sich kaum verändert, die umstehenden Gebäude wurden zum Teil neu errichtet.

„Mit dem Restaurant in einem Flugzeug habe ich mir einen Traum erfüllt", gesteht Rudolf Becker. „Es ist schon sehr lange her, dass meine Douglas DC4 nacheinander auf zwei Parkplätzen in Darmstadt stand. Aber ich erinnere mich immer gern daran", sagt der Unternehmer, der später eine Firma für Brandschutz gegründet hat.

Doch wie kam Becker, Ende der Sechzigerjahre gerade Anfang 30, an ein Flugzeug? „Zwei Jahre habe ich recherchiert, telefoniert und verhandelt, bis mir diese DC4 angeboten worden ist. 1969 war das", erinnert sich der Flugzeug-Fan.

Die viermotorige Propellermaschine mit der genauen Werksbezeichnung „DC 4 C 54EDC" war von der deutschen Airline „All Air" ausgemustert worden und stand zum Verkauf. „Auf 38.000 DM bezifferte der Kaufvertrag vom November 1969 den Preis", sagt der Flugzeugeigner. „Natürlich hatte ich nicht so viel Geld in der Portokasse", ergänzt er, „aber die Idee, in dem Flieger ein Restaurant zu eröffnen – das fand zum Glück nicht nur ich gut." Und so gab es bereits nach kurzer Zeit einige Mitstreiter, die Geld investierten, wie etwa die Henninger-Brauerei.

Wie sich herausstellte, hatte der Flieger bereits Weltgeschichte geschrieben: „Meine DC4 vier war eines der knapp 400 Flugzeuge, die von 1948 bis 1949 das von den Russen eingeschlossene West-Berlin via Luftbrücke mit Lebensmitteln versorgten", weiß Becker.

Bevor das Flugzeug von seinem Standort am Frankfurter Flughafen nach Darmstadt reisen konnte, musste es erst einmal transportfähig gemacht werden: Sämtliche Betriebsflüssigkeiten wurden abgelassen. „Sagen wir mal so – ganz Greenpeace-konform war das aus heutiger Sicht nicht", so der Flugrestaurant-Pionier. Danach stutzten Becker und seine Helfer dem Flugzeug die Flügel. „Wir konnten die Maschine ja nicht nach Darmstadt fliegen. Und mit Flügeln rechts und links wäre der Koloss unmöglich über die Straße zu transportieren gewesen."

„Mit Flügeln rechts und links wäre der Koloss unmöglich über die Straße zu transportieren gewesen."

Pfingsten 1970 war es dann so weit: Sorgfältig verpackt ruhte der Silbervogel auf einem Tieflader – der Transport konnte beginnen. Doch so gut die Route auch geplant war, die Probleme lagen im Detail. Der direkte Weg über die Bundesautobahn 5 blieb dem Schwertransport verwehrt: Eine Brücke bei Langen war zu niedrig. Kurz erwog Becker, sein Flugzeug via Lastenhubschrauber an den Zielort bringen zu lassen. Aber es bestand die Gefahr, dass der Wind der Rotoren die Ziegel der nahegelegenen Häuser abgedeckt hätte. „Und so zuckelten wir über die Dörfer", schmunzelt Becker heute, wenn ihm damals auch ab und an das Lachen zu vergehen drohte.

Mit Spezial-Tieflader und Polizeieskorte mäanderte der Transport über Landstraßen und Dörfer Richtung Darmstadt. Die Bahn schaltete kurzzeitig die Oberleitungen der Züge an Bahnübergängen ab und die Oberleitungsmasten selbst wurden angehoben. Dennoch: Es dauerte tatsächlich nur drei Stunden, das Flugzeugmonster vom Flughafen Frankfurt nach Darmstadt in die Eschollbrücker Straße 44 zu manövrieren. „Dort, wo heute Walmart seine Kunden empfängt, stand damals ein Mehrwert-Kaufhaus. Und mit denen hatte ich mich geeinigt, das Flugzeug dort aufbauen zu dürfen."

Schon standen die nächsten Herausforderungen bevor. Becker begann auf eigene Kosten, die Infrastruktur herzustellen. Das hieß: den Asphalt des Parkplatzes aufbuddeln, um die Anschlüsse für das Restaurant an Wasser, Strom und die Kanalisation herzustellen. Auch im Flieger selbst musste der Flugzeugwirt in spe zahlreiche Veränderungen vornehmen: Auf einer Längsseite des Gangs flexte Becker eine Reihe der Sitze ab: „Die Bedienung und auch die Gäste brauchten einen breiteren Korridor zwischen den Stuhlreihen." Es wurde außerdem so etwas Triviales wie eine Abstellkammer für Staubsauger und Kleinzeug gebraucht. Auch Kühlschrank und Theke baute der Flugzeugbegeisterte ein. Das alles wirkte schon fast unbedeutend vor dem Hintergrund, dass zudem eine Klimaanlage erforderlich war – denn im Flieger konnte man ja keine Fenster kippen. „Dafür haben wir im Heck und im Bug den Rumpf aufgeschnitten, um auch dieser Auflage nachzukommen."

Blick ins Innere des Fliegers: Im Heck des Rumpfes stand eine kleine Theke.

Unterm Strich hat es funktioniert: Im Herbst 1970 öffnete das Restaurant tatsächlich seine Türen, ganz offiziell mit einer Konzession für Speisen und Getränke. „Partymetzger Hamm" aus Weiterstadt sorgte für kulinarische Genüsse. In Kombination mit der kleinen Bordküche ließen sich so ein paar attraktive Speisen kredenzen. Dazu gab es Kaffee, Tee, Softdrinks und natürlich auch Prozentiges und Hochprozentiges. Für Unterhaltung sorgte eine Musicbox und ein Geldspielautomat, wie er seinerzeit in kaum einem Gasthof fehlen durfte. „Das Restaurant florierte", freut sich Becker noch heute. „Meine Idee, in einem Flugzeug ein Lokal zu betreiben, war voll aufgegangen." Und das Flugzeug entwickelte sich zum Publikumsmagneten in Darmstadt.

Das Ende des Wirtshauses mit Flügeln auf dem Parkplatz in der Eschollbrücker Straße nahte allerdings jäh: 1971 wurde „Mehrwert" von „Wertkauf" übernommen. Der neue Eigner war vom Flugzeugrestaurant nicht so angetan wie der Vorgänger und verlangte Standgeld. „Unterm Strich hätte sich das nicht mehr gerechnet", sagt Rudolf Becker heute. Er hörte sich um und fand ein neues Zuhause für seinen Flieger: Die BMW-Vertretung auf dem Gelände an der Rheinstraße, direkt vor dem Supermarkt „DIVI", hatte ihren Standort mit großem Parkplatz gerade aufgegeben – die perfekte neue Landebahn für Beckers DC4.

Modenschau auf einer Tragfläche 1971: Flugzeugbesitzer Rudolf Becker (rechts im Bild) hatte stets tolle Ideen rund um sein Flugzeug.

Wieder musste das Flugzeug abgebaut und reisefertig gemacht werden. Aber darin hatte Becker ja inzwischen schon ein wenig Übung. Obwohl diesmal nur knappe drei Kilometer zwischen den beiden Parkplätzen lagen, war der Transport quer durch die Stadt nicht weniger abenteuerlich als der erste: Bäume, die die Kurvenfahrt behinderten, mussten mit Seilen zur Seite gebogen werden, als Markierungsleuchten dienende Petroleumlampen wurden in großem Stil von Souvenirjägern geklaut und mehrfach ersetzt – um nur zwei der Schwierigkeiten zu nennen.

Doch das Flugzeug „landete" erneut sicher. Neue Postadresse: Rheinstraße 95. Abermals eröffnete Rudolf Becker sein Restaurant im Flieger. Und wieder kamen die Menschen, um dort zu speisen und zu trinken. Besonderes Highlight war eine ungewöhnliche Modenschau: Am 4. November 1971 zeigten Models der Firma Lady-Shop aus der Ernst-Ludwig-Straße die aktuellen Trends. Nicht vor dem Flugzeug, sondern *auf* demselben: „Damit die Mannequins die neueste Mode auf den Tragflächen präsentieren konnten, öffneten wir extra wieder die zuvor verschlossenen Notausgänge“, erinnert sich Becker.

Doch am neuen Standort gab es auch Probleme: Halbseidene Besucher erschwerten es Rudolf Becker, das Restaurant so zu führen, wie er es eigentlich wünschte. Immer wieder kam es zu Handgreiflichkeiten unter den Gästen. Gegen Ende 1972 schloss das Restaurant seine Türen für einen Monat. Um danach nicht mehr zu öffnen.

Rudolf Becker verkaufte seine DC4 nach Lampertheim an einen Gebrauchtwagenhändler. Wieder wurde das Flugzeug verpackt, auf das Grundstück des neuen Besitzers transportiert und aufgebaut. Becker erinnert sich: „Leider war der Käufer kein rechtschaffener. Er wanderte kurz darauf hinter schwedische Gardinen.“ Da Rudolf Becker jedoch auf dem Papier nach wie vor der Besitzer des Silbervogels war – der Kaufvertrag hatte nur aus einem Handschlag bestanden –, musste er sich abermals darum kümmern, den Platz zu räumen. Denn auf dem Grundstück sollte eine Tankstelle errichtet werden. Das traurige Ende vom Lied: „Ich musste den Flieger eigenhändig zerlegen und verschrotten“, erinnert sich der Flugzeugeigner. Und sein Gesicht verrät, wie sehr ihn das immer noch – „verärgert“ wäre sicher sehr freundlich formuliert …

„Ich musste den Flieger eigenhändig zerlegen und verschrotten.“

„Aber die Erinnerung bleibt und freut mich heute noch: Ich war der, der in Darmstadt ein Restaurant in einem Flugzeug besessen hat.“ Und damit dürfte er, wohl auch bundesweit, etwas Einmaliges vollbracht haben.

Michael Kibler

Hier stand das Restaurant-Flugzeug:

Eschollbrücker Straße 44, auf dem Parkplatz vor dem heutigen Walmart. Danach auf dem Gelände Rheinstraße 95, ebenfalls ein Parkplatz.

„Lopo's Werkstatt" von außen. Der Eingang führte durch eine eingemauerte Straßenbahn.

Lopo's Werkstatt

Der Zauber hält bis heute an

Tina Turner war dort. Joe Cocker auch. Und Stars wie John Lord, Hot Chocolate, BAP oder die Spider Murphy Gang gaben sich quasi die Klinke in die Hand. Allerdings nicht, um ihr Auto in der Werkstatt reparieren zu lassen, sondern um auf der Bühne zu rocken: „Lopo's Werkstatt" war seinerzeit eine der größten – und beliebtesten – Diskotheken Südhessens. Heute ist am Gebäude in der Adelungstraße 35 nichts Besonderes mehr zu finden, es ist ein gewöhnliches Wohn- und Geschäftshaus. Kein Stein zeugt noch davon, dass sich an dieser Stelle mal ein abso-

1993 musste das zweite „Lopo's Werkstatt" schließen, heute befindet sich an dieser Stelle ein Wohn- und Geschäftshaus.

luter Darmstädter Kultort befand. Der Eingang führte durch eine eingemauerte Straßenbahn, an der Decke baumelte ein Flugzeug und an der Fassade war ein halber Citroën befestigt. Doch es gab noch mehr an spektakulärer Dekoration. Ein Highlight war vor allem der original englische rote Bus im Innenraum. „Das war mal einer der Busse der Kelly Family", erzählt Jürgen Rellig. Als die Musiker-Familie Anfang der 1980er-Jahre in der Gegend tourte, ging ihr Bus kaputt und landete auf dem Griesheimer Schrottplatz. Von dort haben ihn die Betreiber von Lopo's Werkstatt abgeholt, umgebaut und als Bar mit Sitzgruppe im Inneren der Disco installiert.

Jürgen Rellig weiß das alles noch, als wäre es gestern gewesen. Kein Wunder, schließlich hat er 15 Jahre seines Lebens in Lopo's Werkstatt verbracht: „Außerdem habe ich gegenüber gewohnt." Als DJ hat Jürgen „JoJo" Rellig den Gästen von der ersten Stunde bis zum letzten Öffnungstag eingeheizt, diente seinen Chefs aber als „Mädchen für alles", wie er sagt. So packte der damalige Student an, wenn es was zu tun gab. „Ich war sogar schon vor der Eröffnung im Lopo's beschäftigt", erklärt Rellig, denn er half 1978 beim Umbau der alten Werkstatt in die Disco. Lopo's Werkstatt entstand auf dem Gelände eines Autohauses. Die Halle diente zuvor tatsächlich als Werkstatt, daher der Name. Der Musikexperte kümmerte sich später aber auch um die Bands – und kann sich noch gut an die Sonderwünsche der Stars erinnern. Tina Turner habe dem Publikum nicht begegnen wollen und sei unauffällig durch den Hintereingang hereinkommen, die amerikanische Rocksängerin Chi Coltrane wollte beim Soundcheck alleine sein, andere Stars bestellten Obstkörbe mit exotischen Früchten, „eine absolut spannende und aufregende Zeit", findet Rellig.

Jürgen Rellig denkt gerne an die Zeit in Lopo's Werkstatt zurück.

Eröffnet wurde die Diskothek 1979. Schnell wurde Lopo's Werkstatt zu einem *Place to be*: sehen und gesehen werden. Daran erinnert sich auch Christoph Beck noch ganz genau, der Darmstädter war einer der zahlreichen Stammgäste. „Bei mir ist das Lopo's mit vielen Erinnerungen an besondere Momente verbunden." Und was für Partys da gefeiert wurden – natürlich zu der von Rellig aufgelegten Musik. „*Blue Monday* von New Order und vor allem *Just an Illusion* von Imagination, das war ein Brett", schwärmt Beck noch heute, „da drängelten sich alle auf der Tanzfläche."

Das Lopo's war aber noch viel mehr, denn dort war die Geburtsstunde von Thorsten Fenslau, der Welterfolge mit Techno-Musik feierte. „Mit einer Revox-Tonbandmaschine begann er hier seine ersten Versuche", weiß Christoph Beck. Als richtungsweisend gilt sein Werk *The Dream* von *Out of the Ordinary* aus dem Jahr 1988. Fenslau war später Resident-DJ im „Dorian Grey", der legendären Frankfurter Flughafen-Disco, sowie Mitbegründer und Stamm-DJ der hr3 Clubnight.

Heute ist all das Vergangenheit. Nichts erinnert mehr an die Situation mit dem Vorhof, auf dem sich viele junge Leute versammelten, um dann durch die Straßenbahnwagen ins Lopo's hineinzuklettern. Bis 1993 war das Lopo's für Partygänger die heißeste Adresse in Darmstadt, doch dann musste der Laden schließen. Der Betreiber und der Vermieter waren sich über die Modalitäten einer Mietvertragsverlängerung nicht einig geworden, das bedeutete das Ende der Kultdisco. Auf dem 2.200 Quadratmeter großen Areal errichtete eine Bauherrengemeinschaft schließlich einen Wohn- und Geschäftskomplex samt Tiefgaragen.

Lopo's Werkstatt gibt es zwar nicht mehr – der Kult um die einstige Diskothek lebt weiter. 2009 veranstaltete Jürgen „JoJo“ Rellig eine Jubiläumsparty im Goldnen Löwen in Arheilgen. Die war dermaßen erfolgreich, dass der Arheilger sich entschloss, alle zwei Jahre eine entsprechende Party zu feiern. Der einstige DJ hat sich sogar den Namen „Lopo's Werkstatt“ schützen lassen und betreibt eine gleichnamige Website, auf der sich nicht nur Nostalgiker gerne tummeln. „Ich habe damals auch das große Schild mit dem charakteristischen Logo, einige Barhocker und die runde ‚Go-Go‘-Tanzfläche vor dem Verschrotten gerettet“, bekennt Rellig. Und: Rund 10.000 Schallplatten von früher hat er ebenfalls bei sich eingelagert.

Die Lopo‘s-Revival-Partys können also weitergehen. Ausgebremst wurde Jürgen Rellig nur von der Corona-Pandemie. Doch es soll auf jeden Fall nicht Schluss sein. Denn eins ist sicher: Der Zauber hält bis heute an.

Kerstin Schumacher

Hier befand sich Lopo‘s Werkstatt:

Die Kult-Diskothek war in einer umgebauten KFZ-Werkstatt an der Adelungstraße 35 beheimatet.

Die Datterich-Klause war eine der beliebtesten Kneipen Darmstadts. Und definitiv eine der kleinsten.

Datterich-Klause

Wo's Bier aus Holzhumpen gab

Für manch einen eingefleischten Heiner ist die einstige Datterich-Klause noch heute ein Sehnsuchtsort. Die kleine Kneipe an der Ecke Steinacker- und Karlstraße war legendär: 34 Quadratmeter, vier Tische, 24 Sitzplätze – das war's. Und trotzdem ist das 1947 notdürftig errichtete Hexenhäuschen, erbaut auf den Trümmern der Brandnacht, zu einem Treffpunkt geworden, an dem sich nicht nur Prominente die Klinke in die Hand gegeben haben. Die Datterich-Klause war wahrlich ein Kleinod der Darmstädter Gastronomie. Daran erinnert sich auch Armin Schwarm noch gut: „Man

Heute befindet sich hier anstelle der einstigen Kult-Kneipe ein nicht öffentlicher Parkplatz.

trank dort Bier aus Holzhumpen. Das hat zwar nicht geschmeckt, war aber außergewöhnlich." Wahlweise gab's Wein – „erheblich besser!"

Am 14. November 1947 öffnete die Klause ihre Tore – ein willkommenes Refugium für die kriegsgebeutelte Bevölkerung, die noch an der Folgen der fürchterlichen Brandnacht litt, bei der in der Nacht vom 11. September 1944 nahezu die gesamte Innenstadt durch einen Angriff der Royal Air Force zerstört worden war und 11.000 Menschen ihr Leben verloren hatten. Doch nun floss das erste Bier aus der Zapfanlage und in der Datterich-Klause kamen Freunde der Darmstädterei und Datterich-Fans zusammen.

Die kleine Kneipe diente zugleich als Niebergall-Museum. In dem winzigen Raum drehte sich alles um den beliebten Darmstädter Schriftsteller Ernst Elias Niebergall (1815-1843), dessen Schauspiel *Datterich* von 1841 als Darmstädter Posse in südhessischem Dialekt noch heute gerne aufgeführt oder gelegentlich sogar im Fernsehen gezeigt wird. Auch das Interieur barg wahre Schätze, darunter ein Essbesteck Niebergalls und einen Abguss seiner Totenmaske, dazu Bilder und Plakate. „Viele wertvolle Erinnerungsstücke befanden sich dort gesammelt unter einem Dach", sagt Darmstadt-Kenner Schwarm.

Die Gästeliste konnte sich sehen lassen. In der Klause kehrten nicht nur die bekannten Datterich-Darsteller Joseph Offenbach und Robert Stromberger ein, oder Günter Strack, der im *Datterich* die Rolle des Drehergesellen Dummbach spielte. Auch Prominente wie Helmut Schmidt, damals noch als Verteidigungsminister, Altbundeskanzler Kurt-Georg Kiesinger, Otto von Habsburg, Sammy Drechsel oder Dieter Hildebrand verewigten sich dort mit einer Unterschrift auf der Wand.

Armin Schwarm erzählt die Geschichte der Datterich-Klause.

Doch 1993 folgte der Schock: Der traditionsreiche Treffpunkt mit der Wohnzimmeratmosphäre musste schließen. Wirtin Irmgard Hancock, geboren 1935 in Auerbach, konnte die Kneipe aus gesundheitlichen Gründen nicht mehr weiterführen, sie war seit Jahren schwer krank. Ein Nachfolger kam auch nicht infrage: Das Häuschen entsprach zu diesem Zeitpunkt längst nicht mehr den Anforderungen an eine Gaststätte, etwa was Hygienevorschriften betrifft. Einem neuen Pächter wären wohl dermaßen hohe Auflagen zur Modernisierung gemacht worden, dass mit dem Erlös aus der Minikneipe kein rentables Geschäft zu machen gewesen wäre. Schließlich kaufte der Nachbar, Bäckermeister Rolf Breithaupt, das 300 Quadratmeter große Grundstück. Nach dem Abriss des kleinen Gebäudes nutzt er es bis heute als Parkplatz für seine Bäckerei – übrigens deutschlandweit die älteste Bäckerei, die sich noch immer in Familienhand befindet, seit 1517 nämlich.

Doch zurück zur Datterich-Klause: Wie präsent die einstige Kult-Kneipe noch immer in den Köpfen vieler Heiner verankert ist, zeigte sich im Juni 2015 beim Datterich-Festival. Anlässlich des 200. Geburtstages von Ernst Elias Niebergall und 100 Jahre nach der Uraufführung seines *Datterich* sollte diese humorvolle Kunstfigur gewürdigt werden. Und aus diesem Grund wollten die Organisatoren auch an die legendäre Kneipe erinnern. So kam es, dass der ehemalige Pavillon des Fremdenverkehrsamtes am Hauptbahnhof, der schon bei dem Fest zu Ehren des Musikers John Cage (1912-1992) zur „Cage und Cola"-Bar, später in Erinnerung an *Leonce und Lena* von Georg Büchner (1813-1837) zum „Königreich Popo" umbenannt wurde, schließlich als „Datterich-Klause" eröffnete – „eine Hommage an den alten Standort an der Karlstraße", schwärmt Armin Schwarm.

„Die historische geschnitzte Zapfanlage aus der Gaststätte befindet sich heute in der Klause am Hauptbahnhof."

Und was ist aus all den Erinnerungsstücken geworden? Der Martinsviertler weiß es: „Die historische geschnitzte Zapfanlage aus der Gaststätte befindet sich heute in der Klause am Hauptbahnhof." Das Wirtshausschild der *Datterich-Klause mit Niebergall-Museum* und die Tür mit dem früheren Datterich-Darsteller Eduard Göbel als Glasmalerei dagegen harren in seinem Keller ihrer Auferstehung. „Vielleicht", hofft Schwarm, „findet sich mal ein geeigneter Ort, um sie wieder auszustellen."

Kerstin Schumacher

Hier befand sich die Datterich-Klause:

Die Kneipe stand an der Ecke Steinacker- und Karlstraße.

Das Autohaus Wiest in der Heinrichstraße 1972 – kurz vor der Aufgabe des Standorts.

Autohaus Wiest

Das Zentrum des Käfers

Eines haben die Plätze auf den beiden Bildern gemeinsam: Autos dominieren den Asphalt. Aber während heute im Laufe eines Tages Hunderte verschiedener Fahrer hier einen kurzen Stopp auf dem Teer einlegen, um einkaufen zu gehen, wurden die Wagen auf dem älteren Bild nicht oft bewegt. „Denn auf der Fläche, auf der heute der Lebensmittel- und Getränkemarkt von REWE in der Heinrichstraße 52 steht, befand sich einstmals das Autohaus Wiest – quasi mitten in der Stadt", sagt Rainer Lehn und steigt auf ebenjenem Parkplatz des Lebensmittelhändlers aus seinem

Wo einst Autos verkauft wurden, bekommt man heute Lebensmittel und Getränke.

Wagen. Der Oldtimer-Fan kennt sich aus – sowohl mit Automobilen als auch mit der Automobilgeschichte Darmstadts.

Die Geschichte dieses Darmstädter Autohauses reicht weit zurück: Bereits 1896 wurde das Unternehmen „Donges & Wiest OHG" in der Grafenstraße 43 gegründet. Im Jahr 1900 verkaufte das Unternehmen sein erstes Automobil: einen Maurer-Union. „An diese Nürnberger Automarke erinnert man sich heute kaum mehr, auch wenn Maurer-Union wenig später einer der ersten deutschen Hersteller von Lastkraftwagen war", weiß Lehn zu berichten. Weitere Marken, die das Unternehmen in den Jahren darauf vertrieb, sind Phänomen, Piccolo, Puch und Wanderer. Bis 1930 folgten schließlich Motorräder von BMW, DKW, NSU sowie weitere Autofabrikate, zunächst von Ford, dann von BMW und von NSU/Fiat.

Die Expansion machte es nötig, das Unternehmen auch räumlich zu erweitern. So wurden schließlich die Geschäftsräume in der Heinrichstraße 52 gebaut und 1930 bezogen. Das Haus in der Grafenstraße kam im Laufe der Geschichte jedoch nochmals mit Autos in Berührung. „Manche Darmstädter werden sich vielleicht daran erinnern: In dem Gebäude an der Ecke zur Elisabethstraße konnte man später in den Siebzigerjahren Autos der Marke Opel kaufen“, erzählt Rainer Lehn.

Der Umzug in die Heinrichstraße hatte sich gerechnet, das Unternehmen wuchs. 1938 erhielt Wiest einen Exklusivvertrag für den Vorläufer des VW-Käfers. Damals hieß der noch „KDF-Wagen“, abgeleitet von der „Kraft durch Freude“-Organisation des Dritten Reichs. Zunächst existierten nur ein paar Prototypen. Doch nach Produktionsanlauf sollte Wiest die ganze Provinz Starkenburg beliefern. Zwar wurde Mitte 1938 der Grundstein für das VW-Werk im heutigen Wolfsburg gelegt, es stellte jedoch nur wenige Autos her: Durch den Kriegsausbruch trat die Fabrikation privater PKW völlig hinter der Produktion für das Militär zurück.

In der Darmstädter Brandnacht vom 11. September 1944 wurden die Verkaufsräume in der Heinrichstraße gänzlich zerstört – aber bereits im darauffolgenden Jahr wiederaufgebaut. Und zwei Jahre später, 1947, übertrug das Volkswagenwerk der Firma Wiest erneut die Vertretung für VW-Fahrzeuge. Ein Jahr danach wurde das Unternehmen Volkswagen-Großhändler für Darmstadt sowie für die Landkreise Bergstraße, Darmstadt-Dieburg, Groß-Gerau und den Odenwaldkreis.

Die Wirtschaftswunderzeit brachte lohnenden Erfolg – mit einem kleinen Wermutstropfen. Rainer Lehn berichtet: „Schon Mitte der 50er-Jahre erwiesen sich die einstmals großzügig bemessenen Gebäude in der Heinrichstraße schon wieder als zu eng.“ 1956 entstand in der Riedstraße, damals am Rande der Stadt gelegen, ein neues Reparaturwerk. Dank Karosserie- und Lackierwerkstatt sowie eines 4.000 Quadratmeter großen Ersatzteillagers ließ sich dort jeder Schaden an einem VW beheben. Neben VW kamen auch die Vertretungen für Auto-Union (heute Audi) und Porsche hinzu.

„Ich erinnere mich noch genau, wie ich als kleiner Bub an der Hand meines Vaters in der Heinrichstraße dessen nagelneuen VW 1600 Variant abholte – in perlweiß. Ich weiß nicht, wer stolzer war: mein Papa oder ich“, schmunzelt Rainer Lehn.

Im Jahr 1972 verkaufte Wiest dann in der Heinrichstraße einen ganz besonderen VW-Käfer, den „Weltmeister-Käfer". „Das Sondermodell trug seinen Namen, da am 17. Februar 1972 der 15.007.034. Käfer vom Band lief. Damit war das Auto das meistgebaute Fahrzeug der Welt. Es löste den bisherigen Weltmeister ab: das Ford Model T", so Rainer Lehn.

Dieser Käfer war mit umfangreicher Sonderausstattung versehen: lackiert in Marathonblau-Metallic, mit schwarzer Cord-Innenausstattung und Stahl-Mehrspeichenfelgen. Seine Türen zierte die goldene Weltmeister-Plakette.

Nur am Rande sei erwähnt: Auch 1974 gab es ein Käfer „World Cup"-Sondermodell. Dies ehrte die deutsche Fußballnationalelf, die in jenem Jahr zum zweiten Mal den Weltmeistertitel errungen hatte. Dieses Sondermodell sowie auch später Golf, Polo und Passat – sie alle haben nie vom Verkaufsraum der Heinrichstraße aus auf die Welt geschaut. Denn trotz der ausgelagerten Werkstätten in der Riedstraße genügten die Räume dem steten Wachstum des Unternehmens nicht mehr.

So wurde abermals ein Neubau und danach ein Umzug fällig: in die auch heute noch genutzten Hallen in der Hilpertstraße, seit 1972 Firmensitz des Unternehmens. Dort übrigens konnte man den nächsten Rekordbrecher im Schaufenster bewundern: Am 25. Juni 2002 lief ein Golf der vierten Generation mit der Nummer 21.517.415 vom Band. „Damit brach VW mit dem Golf den eigenen Rekord des Käfers als meistverkauftem Auto der Welt", grinst Rainer Lehn. „Ein eigenes Sondermodell gab es aus diesem Anlass aber nicht mehr", ergänzt er, steigt in seinen Wagen und fährt wieder vom REWE-Parkplatz in der Heinrichstraße davon.

Michael Kibler

Hier befand sich das Autohaus Wiest:

Das Autohaus Wiest stand auf dem Gelände Heinrichstraße 52.

20 Jahre lang diente der Teich am Steckenborn als Freizeitparadies.

Teich am Steckenborn

Freizeitspaß für 20 Jahre

Die Wasseroberfläche des Teiches glitzert in der Sonne. Darauf: ein Schlauchboot. Darin: Schwimmer. Große und kleine. Sie treiben Sport oder spritzen sich quietschend gegenseitig nass. Ein riesiger Spaß in dem kleinen Badesee in Eberstadt. Moment mal. Wo hat denn Eberstadt einen Badesee? „Hat nicht, aber hatte", klärt Thomas Deuster schmunzelnd auf und erzählt, dass man dort nicht nur im Sommer jede Menge Spaß haben konnte. „Im Winter diente die zugefrorene Eisfläche zum Schlittschuhlaufen." Allerdings war der Kreis derer, die sich hier ver-

Heute ist das Wasser längst verschwunden, Bäume und Büsche wachsen in der Senke.

gnügen konnten, begrenzt. Thomas Deuster gehörte nicht dazu, dabei wäre er als Bub so gerne mal ins Wasser gehüpft! „Das war immer ein großer Wunsch – vor allen Dingen wollte ich dort immer mal angeln", sagt der einstige Darmstädter – genau wie jene Männer, die dort auf hölzernen Stegen sitzend ihr Glück versuchten. Denn neben zahlreichen Pflanzen und Tieren wie Fröschen, Eidechsen, Ringelnattern oder Insekten war das Gewässer auch Heimat für Fische. „Dort gab es Karpfen, Zander, Forellen und Hechte", weiß Deuster, der mit seiner Familie früher in Bessungen gewohnt hat. Aber: Das Gewässer war gar nicht zum Baden für die Öffentlichkeit freigegeben. In und an den „Wildwasserteich", wie die Einheimischen den kleinen See liebevoll nannten, gelangten nur Anrainer, die drumherum Grundstücke gepachtet hatten, sowie deren Besucher.

Entstanden war das Gewässer im Hetterbachtal durch Zufall. Nach dem Zweiten Weltkrieg wurde eine dortige Wiesensenke zum Teil mit Schutt aufgefüllt. Dieser Geröllberg reichte das Tal hinauf bis zur heutigen Straße „Am Eichwäldchen", wo er im Laufe der Zeit, ohne dass das beabsichtigt war, eine Art Damm bildete. „Der blieb zunächst für das Wasser des Bächleins durchlässig", erklärt Deuster. Östlich von diesem Gelände blieb das Hetterbachtal in seinem ursprünglichen Zustand erhalten. „Einige Besitzer der Grundstücke, die in unmittelbarer Nähe des Damms lagen, pachteten Anfang der 1970er-Jahre Teile der angrenzenden Wiesensenke, durch die der Hetterbach floss."

In dieser Zeit verteilte einer der Pächter nachweislich lehmhaltigen Boden mit einem Radlader in der Senke und dichtete auch Ränder und Damm damit ab. Die Folgen zeigten sich schnell: Der Hetterbach begann sich zu stauen – die Geburtsstunde für den Teich am Steckenborn. Die Anrainer bauten einen Ablauf, der das Wasser in den angrenzenden, nur mit Schutt aufgefüllten Bereich ableitete. Doch dann stieg der Pegel rasant und überschwemmte die angrenzenden Wiesen. „Die Stadt musste schnell handeln, um eine weitere Überflutung zu verhindern", erzählt Thomas Deuster die Geschichte weiter. 1981 ließ die Verwaltung deshalb einen Schluckbrunnen errichten, der das Wasser von da an geordnet in den Untergrund ableitete. Die Besitzer der umliegenden Gärten setzten nun Fische ein und nutzten den See fortan als kleines Freizeitparadies.

„Das war gut 20 Jahre lang ein richtig großes Gewässer", erinnert sich Thomas Deuster. Doch von dem Idyll in den Streuobstwiesen ist nichts mehr übrig. Der See ist verschwunden. Heute wachsen Bäume und Büsche aus der vier Meter tiefen Senke. Das ist aber nur für jene sichtbar, die sich abseits des Weges bis zum Rad der Vertiefung vorwagen. „Spaziergänger, die auf dem Weg bleiben, sehen die Grube nicht." Auch die Schilfpflanzen und ab und an ein Pfützchen auf dem Grund bleiben ihnen verborgen.

Wie konnte das passieren? Thomas Deuster ist dem Geheimnis auf den Grund gegangen. „Zwischen August 1990 und September 1991 ist aus dem nassen Idyll eine trockene Senke geworden", hat der Wasser-Experte herausgefunden. Der Teich ist also nach und nach ausgetrocknet, jeden Tag sank der Wasserspiegel ein wenig weiter. Dadurch wiederum wurde der einst eingebrachte lehmhaltige Boden rissig und durchlässig. Die Folge: „Niederschläge und das nachfließende Wasser des Hetterbachs versickerten durch die entstandenen Ritzen."

Die Ursache für den Niedergang des Teiches ist wahrscheinlich eine Kombination aus Verdunstung und geringerem Nachfluss aus dem Hetterbach. Wie das Hessische Landesamt für Naturschutz, Umwelt und Geologie festgehalten hat, war 1990 ein recht trockenes Jahr. Geringe Niederschlagsmengen und ungewöhnlich hohe Temperaturen schon in den ersten Wochen des Jahres gingen Hand in Hand. Einem online-Wetterkanal zufolge zog zu dieser Zeit ein ausgedehntes Hoch über Südeuropa. In Darmstadt wurden am 24. Februar 1990 satte 18,6 Grad Celsius gemessen, andernorts kletterte das Thermometer sogar über die 20-Grad-Marke. Auch der Sommer 1990 war ungewöhnlich heiß, zumindest aus damaliger Sicht.

Infolgedessen war der Teich am Steckenborn nicht mehr zu retten. Innerhalb von nur einem Jahr fiel er komplett trocken. „Einige Besitzer der angrenzenden Grundstücke versuchten mit Hilfe der Feuerwehr, durch Umpumpen des verbliebenen Wassers den Sauerstoffgehalt im Teich zu erhöhen.“ Vergebens. „Alle Fische starben, darunter ein 1,20 Meter großer Hecht.“ Das war's mit dem Teich am Steckenborn.

Kurioserweise ist der kleine See auf den Stadtplänen noch als solcher verzeichnet, obwohl es ihn seit 1991 nicht mehr gibt. Sogar die Karte auf Google Maps zeigt mit blauer Farbe noch ein Gewässer an. Doch das ist alles, was vom Teich am Steckenborn übrig ist. Der Traum vom Angeln in den Streuobstwiesen, er ist schon lange geplatzt.

Kerstin Schumacher

Hier befand sich der Teich am Steckenborn:

Vom Parkplatz nahe der Frankensteinschule an der Carl-Ulrich-Straße zu Fuß Richtung Südosten bis zu der Wiese gehen. Die Senke, die vom Teich geblieben ist, ist linker Hand zu finden.

Sie machten ganz schön was her: Der Main-Neckar-Bahnhof links und der Ludwigsbahnhof im Hintergrund.

Alte Bahnhöfe

Als durch Darmstadt noch Züge dampften

„Am Alten Bahnhof“, lautet der Name einer Straße in Darmstadt. Das Einzige, was man weit und breit *nicht* sieht, sind Bahngleise. Oder gar ein Bahnhof. Und der „richtige“ Bahnhof, also der Hauptbahnhof, befindet sich fast einen Kilometer weiter westlich. „Doch es gab hier tatsächlich einmal Bahnverkehr. Und nicht nur *einen* Bahnhof, sondern sogar *zwei*“, weiß Michael Pregowski, „die heutigen Gleisverläufe entsprechen nicht mehr den ursprünglichen.“ Pregowskis Hobby ist die Eisenbahn – insbesondere Streckenverläufe, auch in und rund um Darmstadt.

Von den ehemaligen Bahnhöfen ist heute nichts mehr zu erkennen.

Die alten Bahnhöfe erhoben sich einst majestätisch am Steubenplatz und in dessen Nordteil, der Platz selbst war damals quasi der Bahnhofsvorplatz.

Elf Jahre nachdem der Zug mit der Lokomotive „Adler" als erste deutsche Eisenbahn Nürnberg und Fürth verband, wurde 1846 Darmstadt an den überregionalen Bahnverkehr angeschlossen. Nach dreijähriger Bauzeit war der Main-Neckar-Bahnhof fertiggestellt worden. Das Bahnhofsgebäude ist stilistisch dem Klassizismus der Biedermeierjahre zuzuordnen. Der Architekt Friedrich Lichthammer hatte sich bei dessen Entwurf am zeitgemäßen Architekturstil des Architekten Georg Moller (1784-1852) orientiert, dessen Bauten gerade den Westen Darmstadts dominierten. Die Station Darmstadt lag an der 95 Kilometer langen Strecke der Main-Neckar-Bahn von Frankfurt am Main nach Heidelberg. Am 28. Juli 1846 fuhr der erste Zug in die nagelneue Bahnstation ein. Von nun an dampften sechs Züge pro Tag Richtung Heidelberg und Frankfurt.

„1858 wurde eine weitere Bahnstrecke eröffnet: Nach der Nord-Süd-Verbindung folgte nun jene von Westen nach Osten, von Mainz über Darmstadt nach Aschaffenburg“, erklärt Pregowski. „1871 kam noch die Odenwaldbahn hinzu, die Michelstadt und Erbach anband.“

Zunächst nutzten die Reisenden der Querverbindung ebenfalls das Empfangsgebäude der Main-Neckar-Bahn, doch die steigende Anzahl an Zügen machte ein neues Bahnhofsgebäude notwendig. 1873 bis 1875 wurde daher der von Philipp Johann Berdellé (1838-1903) geplante Ludwigsbahnhof gebaut. Er war im rechten Winkel zum Main-Neckar-Bahnhof an dessen Nordende angelegt. Auch der Main-Neckar-Bahnhof erwies sich bald als zu klein – so spendierte man ihm ein zusätzliches Stockwerk. Parallel dazu wurde südlich der Rheinstraße ein erweiterter Güterbahnhof und ein größerer Lokschuppen errichtet.

Michael Pregowski interessiert sich seit jeher für die Eisenbahn, insbesondere für Streckennetze damals und heute.

Als nach und nach noch weitere Bahnlinien Darmstadt anfuhren, war klar, dass die beiden Bahnhöfe an ihre Kapazitätsgrenzen gestoßen waren. Die Option, die bestehenden Bahnhöfe einfach großflächig zu erweitern, schied aus, da die Umgebung um die Bahnhöfe herum während der vergangenen 50 Jahre bereits ebenfalls bebaut worden war.

Ein den heutigen Darmstädtern ebenfalls sehr vertrautes Phänomen machte die Dringlichkeit eines Neubaus an anderer Stelle sehr deutlich: „Den Stau, den wir heute täglich auf der Rheinstraße erleben“, schmunzelt Michael Pregowski, „den gab es schon damals.

Schuld daran war aber nicht die ausufernde Anzahl von Pendlern in Automobilen, sondern von Pendlern in der Eisenbahn." Der Grund: Geschlossene Schlagbäume quer über die Rheinstraße wiesen den Automobil- und Kutschenverkehr im wahrsten Sinne des Wortes in seine Schranken, wenn ein Zug die Straße überqueren wollte. „Wir erinnern uns", sagt Michael Pregowski, „bei der Eröffnung 1846 fuhren gerade einmal sechs Züge pro Tag quer über die Rheinstraße. Knapp 50 Jahre später waren es täglich bereits 50 Züge. Da kann man sich die Ungeduld der Droschkenführer vor der Schranke gut vorstellen …"

1912 wurde schließlich der Darmstädter Hauptbahnhof eingeweiht. Die Streckenführung lief quasi parallel zu jener am Main-Neckar-Bahnhof, lag jedoch 800 Meter weiter westlich. Die Züge unterquerten nun die Rheinstraße, die Droschken und Autos fuhren auf einer Brücke über die Züge hinweg. In die Gebäude des Main-Neckar-Bahnhofs zogen nach der Eröffnung des Hauptbahnhofs Behörden ein. Die Gleise und die Bahnsteige wurden demontiert. „Die Stützen der gläsernen Bahnsteigüberdachung kann man allerdings heute noch bestaunen, wenn auch nicht in Darmstadt. Sie zieren den Bahnsteig des Bahnhofs in Langen", berichtet Michael Pregowski.

Im Dritten Reich beherbergte der Main-Neckar-Bahnhof ohne Eisenbahn die NSDAP. Im Nachbargebäude, dem ehemaligen Ludwigsbahnhof, war1920 das städtische Wohlfahrtsamt eingezogen. Am 11. September 1944 erlitten beiden Bahnhöfe jedoch dasselbe Schicksal: In der Brandnacht fielen sie den Bomben zum Opfer, brannten aus und wurden später nicht mehr instandgesetzt, sondern abgerissen. An die alten Bahnhöfe erinnert heute nur noch – das Straßenschild.

Michael Kibler

Hier befanden sich die alten Bahnhöfe:

Sie standen westlich und im Nordteil des heutigen Steubenplatzes.

Seit 1956 konnten Autofahrer ihre Fahrzeuge auf dem Fina-Parkplatz in der Innenstadt abstellen. Hier geht der Blick nach Norden.

Fina-Parkhaus

Stellplätze mit Kultcharakter

Am 17. Juli 2005 hatte es sich ausgeparkt, zumindest in der südlichen Innenstadt. Bis zu diesem Tag konnten Autofahrer tatsächlich über den Ludwigsplatz fahren und neben dem Spielwarenfachgeschäft Faix ins Fina-Parkhaus gelangen. „Das war das Tor zum Einkaufserlebnis in Darmstadt", sagt Christoph Beck. Als Bub kam der Darmstädter an Samstagen oft mit seiner Familie zum Bummeln ins Zentrum – damals stets mit dem Auto.

Errichtet wurde das erste Parkhaus in Darmstadt 1956 als zweigeschossiger Bau von der Frankfurter Purlina GmbH nach einem Ent-

Der Fina-Parkplatz ist schon längst Geschichte; heute befindet sich dort das Einkaufszentrum „Boulevard".

wurf des Architekten Walter Haacke. Es bot Stellflächen für rund 200 Fahrzeuge im Geviert zwischen Luisenstraße, Schuchardstraße, Ernst-Ludwig-Straße und Ludwigsplatz. Fortan hieß es: reinfahren, abstellen, einkaufen, einräumen, weiterfahren. Wer zu spät kam, musste mitunter längere Wartezeiten in Kauf nehmen, denn die Abstellmöglichkeiten waren sehr beliebt. „Da bildeten sich richtige Auto-Schlangen auf dem Ludwigsplatz!", erinnert sich der Wahl-Bessunger. Klar – die Lage in der City war schließlich unschlagbar. „Von hier aus ging man in die bekannten Geschäfte in der damaligen Fußgängerzone", erklärt Beck. Radio Lorz und Bücher-Schlapp sind nur zwei der bekannten Läden, an die der Stadtplaner gute Erinnerungen hat.

„Von hier aus ging man in die bekannten Geschäfte in der damaligen Fußgängerzone."

Zu dem Parkdeck gehörte viele Jahre lang eine Tankstelle, „die letzte Tante-Emma-Tankstelle weit und breit", beschreibt Christoph

Beck. Betreiber war Familie Dassler. Erich Dassler hatte 1962 den Komplex übernommen und eine Tankstelle mit sieben Zapfsäulen eingerichtet. Parken und tanken, das empfanden die Kunden dort alten Berichten im *Darmstädter ECHO* zufolge als sehr familiär, in späteren Zeiten stellten manche schon in der dritten Generation ihren Wagen dort ab.

Das Parkhaus selbst galt als typisches Beispiel der damaligen Verkehrs-Architektur mit viel rohem Beton, nicht unbedingt ästhetisch. Charakteristisch war die doppelspurige Auf- und Abfahrt mit Überdachung. „Sie wurde nach 1977 nur noch zum Herunterfahren genutzt, da man an der Luisenstraße nicht mehr zufahren konnte", weiß der Stadtplaner und Denkmalpfleger. Um diese Zeit begannen die Probleme mit dem Bauwerk. Der Grund dafür, weshalb Innenstadt-Besucher das Parkhaus einst so schätzten, geriet ihm nun zum Verhängnis: die absolut zentrale Lage. Denn ab dem Jahr 1977, nach der umfangreichen Erweiterung der Fußgängerzone, war die Parkgarage nur über die nun eigentlich als autofrei deklarierten Straßen und Plätze erreichbar – ein Ärgernis, das immer wieder zu Konflikten zwischen Autofahrern und Fußgängern führte.

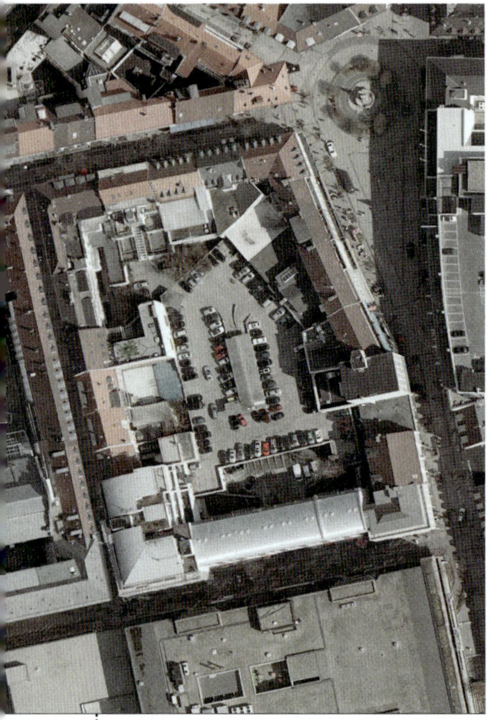

Das Luftbild zeigt den Parkplatz im Jahr 2005. Die parkenden Autos sind deutlich zu erkennen.

„In den Folgejahren entstand der Plan, in der noch jungen Innenstadt ein weiteres Einkaufszentrum zu errichten", sagt Christoph Beck. Zu dem Entwurf für den sogenannten City-Point, den der bekannte damalige Architekt und Investor

Jakob Mengler bauen wollte, gab es 1999 einen rechtskräftigen Bebauungsplan. Doch das Vorhaben verlief im Sande. „Mengler ging pleite", erklärt der Darmstadt-Kenner. Des Fußgängers Leid, des Autofahrers Freud': Das Fina-Parkhaus durfte dadurch länger bestehen als vorgesehen. Die Tankstelle wurde allerdings schon 1998 geschlossen.

Schließlich kaufte ein Darmstädter Investor den Hauptteil. Das Fina-Parkhaus wurde 2005 abgerissen, an dessen Stelle entstand der „Boulevard", das heutige Einkaufszentrum in dem Quartier. Die Läden bieten insgesamt 6.700 Quadratmeter Verkaufsfläche sowie Wohnungen und eine Tiefgarage. Der Ende 2006 eröffnete Gebäudekomplex ist allerdings nicht von dauerhaftem Erfolg gekrönt, findet Christoph Beck. „Die Schwierigkeit dabei war, dass das innenliegende Grundstück nur über wenige einzelne Häuser in dem Randblock erschlossen war und der wenig umsichtige Insolvenzverwalter diese separat verkaufte", schildert der Stadtplaner die Problematik. Dadurch wurde es schwierig, eine Passage in die Schuchardstraße durchzubinden, da die dort angesiedelten beiden Häuser der Insolvenzmasse einzeln verkauft wurden. „Aus heutiger Sicht ein großer Fehler", bilanziert der Darmstädter.

Das Luftbild von 2018 zeigt die heutige Bebauung: Der Parkplatz ist verschwunden.

Den Durchgang gibt es zwar, doch den finden nur Ortskundige – oder jene, die sich verlaufen. „Der Weg führt heute durch den bekannten Buchladen an der Schuchardstraße in das Obergeschoss und weiter in die Passage, die vom Ludwigsplatz her eigentlich eine Sackgasse ist." Eine ähnliche, ebenso verschachtelte Möglichkeit bot lange noch ein Modeladen. Der musste allerdings 2020 seine Darmstädter Filiale schließen. „Der Nachfolger hat den Durchgang geschlossen", bedauert Christoph Beck. Der Fachmann für Stadtplanung glaubt: „Die fehlende Direkt-Verbindung von der Schuchardstraße zum Ludwigsplatz ist der Grund für den ausbleibenden langfristigen Erfolg des Einkaufszentrums." Das Gewinnstreben nach der Mengler-Insolvenz habe dem im Weg gestanden. „Schade!", findet Beck, denn wie gut diese Block-Durchquerungen funktionieren können, zeige die Strecke von der Ernst-Ludwig-Passage zum Platz an der Stadtkirche und durch die Passage mit Treppe hoch zur Schulstraße. Doch diese Chance sei nicht genutzt worden.

Christoph Beck hat als Kind mit seiner Familie das Fina-Parkhaus noch genutzt.

Das Einkaufszentrum ist inzwischen erneut verkauft worden. Der fehlende Durchgang bleibt ein Problem, „die architektonisch ganz schöne Passage hat immer wieder mit Leerstand zu kämpfen", hat Christoph Beck beobachtet. Laufkunden bleiben quasi aus. „Tatsächlich würde die Einsicht helfen, die Passage umzubauen und an die Schuchardstraße anzuschließen." Christoph Beck ist überzeugt: „Nur mit einer direkten Verbindung wird man dauerhaft Erfolg haben."

Was die Parkplätze an sich angeht, war der Wegfall des Fina-Parkhauses übrigens kein Verlust, denn es gab und gibt reichlich Ersatz: die Garage unter dem Friedensplatz, das Parkhaus mit Hotel in der Grafenstraße, das Quelle-Parkhaus oder das Parkhaus am Theater. Im Jahr 1977 eröffnete das Luisencenter mit der zweigeschossigen Großgarage, die später zudem unter das Carree erweitert wurde. An der Kirchstraße kam in den 1980er-Jahren schon das Liebig-Parkhaus hinzu. Trotzdem trauerten viele Darmstädter ihrem Fina-Parkhaus hinterher, schließlich war es lange Zeit Ausgangs- und Endpunkt unzähliger Einkaufstouren gewesen. Ein Parkplatz mit Kultcharakter – und zugleich der erste und letzte Eindruck von der Innenstadt.

„Nur mit einer direkten Verbindung wird man dauerhaften Erfolg haben."

Kurioserweise ist das Fina-Parkhaus im Internet nach so vielen Jahren immer noch als gewerbliche Adresse zu finden – sogar mit Telefonnummer. Doch einen Anschluss unter dieser Nummer, den gibt es längst nicht mehr.

Kerstin Schumacher

Hier stand das Fina-Parkhaus:

Der beliebte Parkplatz befand sich im Geviert zwischen Luisenstraße, Schuchardstraße, Ernst-Ludwig-Straße und Ludwigsplatz.

Milchprodukte – das war das Geschäft der ehemaligen Starkenburger Milchvereinigung.

Milchvereinigung

Von der Kuh bis zum Wohnen

Im Jahr 1892 wurde auf dem Gelände des heutigen Hofguts Oberfeld die alte Meierei errichtet. Die angrenzenden Gebäude Richtung Westen entstanden erst vor knapp 100 Jahren. Doch auch sie sind inzwischen alle Geschichte: Zwischen Hofgut und Ostbahnhof erstreckt sich seit wenigen Jahren ein neues Wohngebiet, das „Edelsteinviertel". Klar, in den vergangenen 20 Jahren ist Darmstadt von 140.000 Einwohnern auf 160.000 gewachsen – da brauchte es neuen Wohnraum. „Dabei sind aber solche Kleinode wie die Gebäude der Starkenburger Milchvereinigung unter die Räder geraten", sagt Kay

Heute stehen an dieser Stelle zahlreiche Wohnhäuser.

Tkatzik. Er ist Fotograf für den Fahrradhersteller Riese & Müller, der einstmals auch in diesen Gebäuden seine Räder produzierte.

Die Starkenburger Milchvereinigung residierte Mauer an Mauer mit dem Hofgut Oberfeld in der Erbacher Straße 123. Gegründet wurde sie in den 1920er-Jahren mitten in der Stadt in der Lauteschlägerstraße 28. Die Verlagerung an den östlichen Rand der Stadt erfolgte in den 1930er-Jahren. 1937 wurden ein Dampfkessel und ein Dampffass aufgestellt. „Die Starkenburger Milchvereinigung hatte einen großen Einzugsbereich. Bauern lieferten ihre Milch dort ab – und das Unternehmen wandelte sie in Joghurt, Sahne oder Butter“, so der Fotograf. Das Unternehmen expandierte am Standort in der Erbacher Straße. Kurz nach dem Krieg, 1947, wurden auf dem Gelände zahlreiche Garagen für Pkw und für schwere Lkw gebaut.

Mit der Erweiterung stieg auch die Vielfalt der Produkte von Vollmilch über Buttermilch bis hin zu Joghurt und Milchmix-Getränken in den Geschmacksrichtungen Kirsch, Erdbeer, Blaubeer, Aprikose oder Himbeer, wie es eine Lieferliste aus den achtziger Jahren zeigt. 1985 war die Starkenburger Milchvereinigung einer von 350 bundesdeutschen Milchverarbeitern. Die Zeiten waren hart, die Drosselung der Milchproduktion im Streit um Preise sorgte für Probleme.

Im Jahr 1989 ging die Starkenburger Milchvereinigung noch eine Kooperation mit dem Unternehmen „Schwälbchen" aus Bad Schwalbach ein, doch das Ende der Produktion war absehbar: 1994 wurde die Milchverarbeitung in der Erbacher Straße eingestellt.

„Das war der Moment, in dem wir die Bühne betraten", berichtet Kay Tkatzik. Kein Jahr später waren die leerstehenden Hallen bereits an neue Unternehmen vermietet. „Riese & Müller war eines der Start-up-Unternehmen, die Raum für wenig Geld suchten – und in den Gebäuden der ehemaligen Milchvereinigung auch fanden." 1995 zog der Fahrradhersteller dort ein – mit rund sieben festangestellten Mitarbeitern und zahlreichen studentischen Hilfskräften. Die Miete war günstig, und die Räume befanden sich quasi im Originalzustand. „Gekachelte Wände, keine vernünftige Heizung, keine abgedichteten Fenster und, formulieren wir es freundlich, rudimentäre sanitäre Anlagen", so berichtet es der Fotograf. „Ich selbst kam 1998 dazu – bis dahin hatte sich nicht viel verändert."

Riese & Müller definierte sich damals in erster Linie über das innovative Klappfahrrad „Birdy". Ein Modell, das nichts mit den einfachen Modellen aus den 70er-Jahren zu tun hatte. „Das Fahrrad war leicht, auf kleinstem Raum zusammenzufalten, in aufgebautem Zustand aber ein vollwertiges, stabiles Rad", erinnert sich Tkatzik.

Ein taiwanesischer Hersteller baute das Rad nach den deutschen Vorgaben und lieferte es zunächst komplett. „Wir haben dann jedes Rad demontiert und nach unseren Qualitätsstandards optimiert", erinnert sich der Mitarbeiter. Besonders die Laufräder waren damals die Problemkinder.

Die Atmosphäre vor Ort war indes gut, Mitarbeiter und Geschäftsführung fühlten sich in den – manchmal auch olfaktorisch herausfordernden – Räumen wohl, wenn auch die Geschäftsräume seinerzeit kaum für eine Werksführung taugten. Doch Riese & Müller wuchs in den Räumen der Molkerei. Weitere Fahrradmodelle kamen hinzu. Und auch andere Unternehmen siedelten sich auf dem Gelände an.

„Der Darmstädter Messebauer und Innenausstatter Entedimension – heute ein etabliertes Unternehmen – hat seine Wurzeln auch auf diesem Gelände.“

2001 verließ Riese & Müller das Gelände der Milchvereinigung in der Erbacher Straße nach sechs Jahren. Zunächst ging es in die Haasstraße, dann nach Weiterstadt in die Feldstraße – da waren es dann schon 45 Mitarbeiter – und schließlich 2019 nach Mühltal. „Heute hat das Unternehmen mehr als 700 Mitarbeiter. Mit dem Boom durch die E-Bikes sind auch wir enorm gewachsen.“

Und das Edelsteinviertel? Das Wohngebiet mäanderte vom Ostbahnhof aus weiter nach Osten. Noch im Jahr 2003 sprach man von einer Gnadenfrist für die Molkereigebäude. Vier Jahre später sicherte der damalige Denkmalpfleger Nikolaus Heiss zumindest das Wappentier der Molkerei, einen imposanten Kuhkopf. Dieser war eine Arbeit des Bildhauers Fritz Schwarzbeck (1902-1989). Der Denkmalpfleger setzte sich zudem dafür ein, zumindest die Backsteingebäude der Molkerei zu erhalten. Doch der Wunsch sollte nicht in Erfüllung gehen. 2009 waren alle Gebäude der ehemaligen Starkenburger Milchvereinigung abgerissen worden. „Damit waren die letzten Spuren des ehemaligen Industriegeländes getilgt worden. Und dass die Backsteingebäude heute nicht mehr stehen – ich finde es schade“, sagt Kay Tkatzik.

„Damit waren die letzten Spuren des ehemaligen Industriegeländes getilgt worden.“

Michael Kibler

Hier stand die Milchvereinigung:

Sie befand sich in der Erbacher Straße 123, unmittelbar angrenzend ans Hofgut Oberfeld.

Die Abbildung um 1830 zeigt wie stattlich und prachtvoll einst das erste Haus am Platze daher kam. Die Traube war über Jahrhunderte beliebter Anlaufpunkt für Gäste.

Gasthaus Zur Traube

Viel Pracht im ersten Haus am Platze

Prächtige Bälle, exquisite Konzerte und luxuriöse Zimmer: Die „Traube“ am Luisenplatz war einst die beliebteste Adresse für Besucher aus nah und fern. Hoher Adel, Politiker, Schauspieler und Musiker gastierten im erstem Haus am Platze. Darunter waren die Literaturnobelpreisträger Gerhart Hauptmann und Thomas Mann, der Dichter Matthias Claudius, die Reichspräsidenten Friedrich Ebert und Paul von Hindenburg sowie Max Reger, Alfred Messel und Richard Strauß. Viele prominente Einträge sind heute noch im Gästebuch von 1898 bis 1930 zu sehen.

1994 wurde das Gebäude abgerissen und durch einen von der HEAG Mobilo genutzten Neubau ersetzt.

Doch die Anfänge der Traube sind bescheidener. Erbaut wird das ursprüngliche Gebäude im 17. Jahrhundert als Brauerei unter dem Namen „Scheuerhof". Dabei handelt es sich um einen privaten Wirtschaftsbetrieb, den Landgraf Ludwig VI. von Hessen-Darmstadt (1630-1678) erworben hat – Belegen zufolge im Jahr 1663 oder 1664. Im Jahr 1680 wird der Scheuerhof an einen Bierbrauer verpachtet, der dort den Gerstensaft brauen, zapfen und in Fässern verkaufen darf. „Zu diesem Zeitpunkt war der Scheuerhof demnach noch kein Gasthaus", folgert Peter Engels, der Leiter des Stadtarchivs.

Im Zuge der Neugestaltung der Vorstadt lässt dann Landgraf Ernst Ludwig (1667-1739), der Nachfolger Ludwigs VI., anstelle des „Scheuerhofs" das damals größte Gasthaus unter dem Namen „Zum Großen Trauben" errichten – auch, weil der damalige Betreiber das Haus zu einem Lokal mit Übernachtungsmöglichkeiten umfunktionieren will. Da das Gasthaus zum landgräflichen Besitz gehört, soll es künftig auch Repräsentationszwecken dienen. Also wird das bestehende Gebäude ab 1691 vermutlich abgerissen, jedenfalls folgt am 4. Mai 1695 die Grundsteinlegung für den Nachfolgebau. „Die Grundsteinplatte befindet sich im Stadtarchiv", erklärt Historiker Engels.

Der Neubau wird am 15. August 1696 wieder verpachtet. Das neue Gasthaus profitiert sehr vom Verkehr auf der Handelsstraße zwischen Frankfurt und Heidelberg. Die mittelalterliche Route der Bergstraße führt vom damals noch eigenständigen Bessungen über die Karlstraße durch das Bessunger Tor an der heutigen Schulstraße in die Stadt, entlang der Langgasse und durch das Arheilger Tor hinter dem heutigen Kongresszentrum Darmstadtium wieder aus ihr hinaus, weiter nach Norden. „Doch schon in den Jahren 1663/64 entstand eine Umgehung, damit die Kaufleute auf ihrer Reise nicht in die Stadt hineinfahren müssen", sagt Engels. Und die führt an der Traube vorbei. Durch den Aufenthalt im Gasthof außerhalb städtischen Gebiets sparen die Händler Gebühren. Und auch der Pächter genießt dadurch steuerliche Vorteile.

„Schon in den Jahren 1663/1664 entstand eine Umgehung, damit die Kaufleute auf ihrer Reise nicht in die Stadt hineinfahren müssen."

Das ärgert freilich die Schankwirte in Darmstadt. Sie lassen kaum eine Gelegenheit aus, um die Konkurrenz in Verruf zu bringen – erfolglos. Selbst die in einem Prozess 1711 vorgebrachte Anklage, Gäste würden schlecht behandelt und der ausgeschenkte Wein sei von minderer Qualität, hält die Leute nicht von einem Besuch dort ab.

Die Traube ist aber nicht nur ihrer illustren Gäste wegen berühmt, sondern auch aufgrund einer sensationellen Entdeckung: 1814 findet ein Zimmermann bei Reparaturarbeiten auf dem Dachboden des Gasthauses ein verschmutztes, altes Pergament: Originalbaupläne vom Nordturm des Kölner Doms, 4,85 mal 0,87 Meter groß! Der Handwerker übergibt das seltsame Papier erstaunt seinem Meister, der wiederum bringt es zu Georg Moller (1784-1852). Der Architekt, Stadtplaner und Experte für alte Baukunst erkennt sogleich die verloren geglaubten Baupläne aus dem Mittelalter und wird seitdem auch als ihr Entdecker gehandelt.

Der Fund gilt bis heute als Sensation. Die Zeichnung ist um das Jahr 1280 erstellt worden, 32 Jahre nach der Grundsteinlegung der

Kirche. Doch bis der Turm 1880 schließlich offiziell vollendet wird, sollten noch sechshundert Jahre vergehen. Erst 1560 hat ein Teil des Kölner Doms ein Dach und kann für Gottesdienste genutzt werden. Danach wird der Bau eingestellt – und der Dom bleibt eine Ruine: Die oberen Stockwerke und die Fassade sind unvollendet und auf dem bereits fertiggestellten unteren Drittel des Südturms steht in den folgenden dreihundert Jahren ein großer Baukran. Der andere Turm existiert noch gar nicht.

1814 überzeugt der Kunstliebhaber Johann Boisserée schließlich den späteren preußischen König Friedrich Wilhelm IV., den Kölner Dom zu vollenden. Die Frage ist nur: Wie? Nach mehr als 600 Jahren weiß man doch nicht, wie sich die Architekten des Mittelalters das vorstellten, und die Pläne sind nicht auffindbar – bis sie dem Zimmermann auf dem Dachboden der Traube in die Hände fallen. „Wie dieser Schatz genau nach Darmstadt gelangte, ist aber nicht abschließend geklärt", sagt Peter Engels. Einst fanden in der Traube Verhandlungen über Belange des Erzbistums Köln statt, etwa über Bestände im Archiv. Wahrscheinlich, vermutet der Oberarchivrat, sind die Pläne in diesem Zusammenhang liegen geblieben und in Vergessenheit geraten.

Peter Engels, der Leiter des Stadtarchivs, kennt die Geschichte der Traube.

Die Traube entwickelt sich unterdessen immer weiter. 1810 bekommt sie einen Konzertsaal, in dem öffentliche Konzerte Darmstadts zu hören sind. Glanzvolle Opernpremieren und prachtvolle Bälle finden in den folgenden Jahren ihre Liebhaber. Bald ist das

Gebäude zu klein, 1820 beginnen Umbau und Erweiterung des Gasthauses, das bis 1827 mit einem dritten Stockwerk aufgestockt und ausgebaut wird. Das Ergebnis ist ein stolzes klassizistisches Gebäude, das viele Jahre lang in Darmstadts Zentrum thronte – das erste Haus am Platze. Auch, weil der Hof hier viele Jahre lang jene Gäste unterbringt, die nicht im Schloss logieren.

Seinem Ruf, ein Luxushotel mit höchstem Komfort zu sein, bleibt das Gasthaus Zur Traube bis zum Zweiten Weltkrieg treu. Doch schon nach Ausbruch des Ersten Weltkrieges und in den darauffolgenden Jahren gerät der Betrieb an den Rand des wirtschaftlichen Ruins. 1926 kauft die Stadt das Gebäude schließlich und lässt es modernisieren. Nach der Wiedereröffnung 1927 verfügt die Traube über 73 Zimmer mit 94 Betten. Dem Zeitgeist entsprechend, ersetzen zehn Garagen für Autos die ehemaligen Stallungen. Außerdem stehen Zimmer für die Chauffeure bereit. Eine zentrale Heizungsanlage, fließend Wasser und Strom gehören bald zum Standard.

Bundespräsident Theodor Heuss (rechts) im Mai 1953 vor der Traube.

Doch die goldenen Zeiten der Traube finden in der Brandnacht am 11. September 1944 ein jähes Ende. Bei dem Bombenangriff der Royal Air Force wird das Gebäude wie so viele andere zerstört. Einzig der Garagenbau übersteht die Katastrophe. Dort richtet der Pächter 1946 die ersten Zimmer ein. Der Wiederaufbau dauert bis 1953. Noch einmal steht das Hotel am Ostrand des Luisenplatzes für etwa 15 Jahre illustren Gästen offen, allen voran Bundespräsident Theodor Heuss und Bundeskanzler Konrad Adenauer. „Mit den gestiegenen Komfortansprüchen der 1960er-Jahre konnte das Hotel aber nicht mehr mithalten", bilanziert Peter Engels. Ende 1968 schließt der letzte Pächter die Traube endgültig. Da hat die Deutsche Bank nebenan gerade ihren Neubau hochgezogen.

Die Stadt bemüht sich daraufhin um eine Neuverpachtung. Vergeblich. Allerdings wird das leerstehende Gebäude bald anderweitig genutzt: „Zwischen 1971 und 1974 besetzten wohnungslose Studenten die Zimmer mehrfach, um auf die katastrophale Wohnungssituation in Darmstadt aufmerksam zu machen", erzählt Engels das eher unrühmliche Kapitel des einstigen Prachthauses. Das lässt sich die Stadtregierung freilich nicht lange bieten, weiß der Darmstadt-Kenner. „1974 wurde das Gebäude geräumt."

„Zwischen 1971 und 1974 besetzten wohnungslose Studenten die Zimmer mehrfach, um auf die katastrophale Wohnungssituation in Darmstadt aufmerksam zu machen."

Danach ziehen unter anderem Verwaltungsangestellte dort ein. „Im Erdgeschoss bot Wein-Krüger noch eine Weile Speisen und Getränke an." Doch im September 1994 endet die Geschichte der einst so glanzvollen Traube endgültig: Das Gebäude wird im Zuge der Planungen für das neue Carree abgerissen und durch einen von der HEAG Mobilo genutzten Neubau ersetzt.

Kerstin Schumacher

Hier befand sich das Gasthaus Zur Traube:

Das beliebte Luxushotel stand an der südöstlichen Ecke des Luisenplatzes. Heute befindet sich dort ein Gebäude, das vom Nahverkehrsunternehmen HEAG mobilo genutzt wird.

Das Exerzierhaus in Darmstadt war seinerzeit das größte in ganz Europa.

Exerzierhaus

2.000 Soldaten unter einem Dach

Nein, in Darmstadt finden sich nicht wirklich viele historische Gebäude. Britische Flugverbände haben durch die Bombardierung am 11. September 1944 wesentlich dazu beigetragen. Einige zerstörte Bauten sind wiederaufgebaut worden. So etwa das Landesmuseum. „Dabei vergisst man oft, dass vor diesen alten Bauwerken schon andere Gebäude standen, oftmals ebenfalls über viele Jahrzehnte hinweg“, sagt Gregor Krisztian. Der Kommunikationsdesigner und Architekturfreund hat ein Herz für diese ganz alten Gemäuer – in diesem Fall für das Darmstädter

Heute steht hier das Hessische Landesmuseum Darmstadt, ein Universalmuseum mit einzigartiger Bandbreite.

Exerzierhaus. Das Gebäude stand über 100 Jahre lang, von 1771 bis 1892, genau dort, wo sich heute das Landesmuseum erhebt.

Der hessische Landgraf Ludwig IX. (1719-1790) ließ das Militärgebäude erbauen. Er regierte zwar über das Hessenland, ließ sich in Darmstadt jedoch eher selten blicken. Er lebte vorwiegend in Pirmasens und befasste sich dort „mit Ausbau und Drill seiner Truppen, für die er Uniformen entwarf und Märsche komponierte", wie es Eckhart G. Franz im Stadtlexikon Darmstadt beschreibt.

Als Ludwig IX. 1768 nach dem Tod seines Vaters regierender Landgraf wurde, verstärkte er die Darmstädter Garnison. Die Stadt sollte nun auch militärisch ihrem Status als Landeshauptstadt gerecht werden. Daher ließ Ludwig 1769 auf diesem Platz ein erstes Exerzierhaus bauen. Es maß 50 zu 200 Fuß, also rund 17 mal 68 Meter. Kaum war das Gebäude errichtet, stellte der Landgraf jedoch fest, dass etwa das Reithaus in Schwedt an der Oder mit 79 zu 263 Fuß erheblich größer war. Der Baumeister Johann Martin Schuhknecht (1724-1790) und der Ingenieur Johann Jakob Hill (1730-1801) unterbreiteten dem Landgrafen im November 1770 einen Vorschlag, wie das Exerzierhaus deutlich vergrößert werden könnte. Darauf folgte schließlich zuerst der Abriss und anschließend ein kompletter Neubau. Womit das erste Exerzierhaus an diesem Platz es wohl ins Guinness-Buch der Rekorde geschafft hätte – hätte es das damals schon gegeben: „Knapp zwei Jahre Nutzungszeit für ein Exerzierhaus ist sicher eine der kürzesten gewesen", schmunzelt Krisztian.

Gregor Krisztian: Professor für Kommunikationsdesign i. R. – und Architekturfreund seit eh und je.

Der Baubeginn für den neuen, größeren Bau lag um Fastnacht 1771, „und schon am 15. Dezember desselben Jahres konnte in dem unfertigen Bau eine erste Parade abgehalten werden", berichtet Georg Haupt in seinem Buch *Die Bau- und Kunstdenkmäler der Stadt Darmstadt*. Das Exerzierhaus Nr. 2 war ebenfalls ein Guinness-Buch-Kandidat: Es war über 88 Meter lang, 44 Meter breit rund zehn Meter hoch – und damit das größte seiner Art im damaligen Europa. „2.000 Soldaten konnten in dem Bau gleichzeitig exerzieren", sagt Gregor Krisztian. Wegen der großen freitragenden Halle erregte es sogar Aufsehen weit über die kleine Landgrafschaft Hessen-Darmstadt hinaus: Selbst der Kaiser des Heiligen Römischen Reichs Deutscher Nation, Joseph II. (1741-1790), besuchte das Exerzierhaus. Auch Konzerte und Opernaufführungen mit mehreren 100 Mitwirkenden fanden unter dem Dach des Gebäudes statt. Mit dem Tod des Landgrafen 1790 und den darauffolgenden eher kriegerischen Jahren verlor der Garnisonsdienst in der Landeshauptstadt an Bedeutung.

Daher wurde das Exerzierhaus zum Zeughaus umgewandelt. Womit es andere Aufgaben erfüllen musste: Nun wurden hier Waffen und militärische Ausrüstungsgegenstände gelagert und instandgesetzt. Der Name rührt daher, dass Waffen früher „Zeug" genannt wurden. „Das Zeughaus gab auch der Straße ihren Namen, die heute an eben dessen Baugrund vorbeiführt", erklärt Krisztian.

1892 wurde das Exerzierhaus abgerissen, um dem Neubau des Landesmuseums Platz zu machen. Zwischen 1896 und 1902 wurde dieses dann vom Architekten Alfred Messel (1853-1909) errichtet, 1906 eröffnet. Bereits der Sohn Ludwigs IX., der spätere Großherzog Ludwig I. (1753-1830) begann gezielt, Objekte aus den vier Hauptbereichen des Wissens zu sammeln: der Antike, der Technik, der Natur und der Kunst. Das sollte der Grundstein sein für die Sammlungen des Museums, das Großherzog Ernst Ludwig (1868-1937) auf dem Gelände des ehemaligen Exerzier- und Zeughauses bauen ließ. „Mir gefällt der Gedanke, dass aus dem eher kriegerisch ausgerichteten Exerzierhaus eines der großen Museen Deutschlands entstanden ist", sagt Gregor Krisztian. „Und ich bin auch froh, dass es nach dem Krieg wieder komplett aufgebaut wurde."

Michael Kibler

Hier stand das Exerzierhaus:

Es befand sich am Friedensplatz 1, exakt an der Stelle, an der heute das Hessische Landesmuseum Darmstadt steht.

Ein Kneipp-Becken sowie weitere Fitness- und Spielgeräte bot das Birkenwasser, bis es 1991 nach wiederholtem Vandalismus abgebaut wurde.

Birkenwasser

Ein Ort für alle unter Bäumen

Kinder quietschen vor Freude, rennen im Wald umher, Erwachsene stapfen tapfer durch das kalte Wasser der Kneippanlage und ruhen sich anschließend auf den Bänken aus: Das Birkenwasser war über viele Jahre hinweg ein wahres Idyll, ein Spiel- und Erholungsplatz inmitten des Waldes im Bessunger Forst. Abgeschieden, erreichbar nur zu Fuß oder mit dem Fahrrad, was den Ausflüglern seinerzeit besonders gut gefiel. Zu ihnen gehörte auch Hans-Edgar Bickelhaupt. Der ehemalige Lehrer hat den Freizeitort oft privat aufgesucht und einmal jährlich mit seiner Schul-

Heute hat sich die Natur das Stück Land zurückgeholt.

klasse eine Tour dorthin unternommen. „Ein fantastischer Halbtagesausflug“, schwärmt der Pädagoge noch heute. Zwischen den Bäumen hing eine Seilbahn, „damit konnte man 30 bis 40 Meter trefflich durch den Wald sausen. Vor allem die Jüngeren fanden das klasse.“

Doch das Besondere am Birkenwasser war nicht das naturnahe Spielvergnügen für die Kleinen, sondern vor allem die Aufenthaltsqualität für die Großen. „Beim Birkenwasser handelte es sich nicht um einen typischen Abenteuerspielplatz mit Schaukel und Rutsche“, weiß Bickelhaupt zu berichten. Denn angelegt wurde das Birkenwasser als Trimm-dich-Platz unter freiem Himmel. Ein Waldspielplatz mit Fitnessgeräten, sodass alle Generationen etwas davon haben: Das galt zur Bauzeit Anfang der 1970er-Jahre durchaus als etwas Besonderes. Weit und breit gab es nichts Vergleichbares.

Errichtet wurde der Platz vom hessischen Forstamt. Das Konzept stammt vom damaligen Oberförster Dietrich Schack, der neue Ideen für den Wald mitbrachte. Er wollte, dass die Leute ihn als Freizeit-

Gelände erleben können, er wollte Orte schaffen, von denen jeder profitieren kann, egal ob jung, alt, sportlich oder gemütlich. Zwischen 1970 und 1980 richtet er in und um Darmstadt einige Wald-Spielplätze ein, darunter an der Ludwigshöhe und eben das Birkenwasser.

Schack konzipierte die dafür notwendigen Geräte, zimmerte sie mit einer Handvoll Kollegen zusammen und baute sie später an Ort und Stelle auf. „Es gab dort Geräte mit Holzrollen, auf denen man trainieren konnte, Klettergestänge, Barren und Reck, eine Sprossenwand, ein Trockenruderboot", zählt Bickelhaupt auf. Zwei Hollywoodschaukeln mit Bank und Tisch luden darüber hinaus zum Verweilen nach getaner körperlicher Ertüchtigung ein. Höhepunkt war für viele sicher aber die Kneippanlage. „Die wurde gern und rege genutzt", bestätigt der Traisaer. Gespeist wurde das Becken vom Wildbrandbrunnen.

Der Pädagoge und Birkenwasser-Fan Hans-Edgar Bickelhaupt hat den Waldspielplatz sehr geschätzt.

Wasser gab es auf dem Gelände im Übrigen reichlich, sogar mehr, als manchem lieb war. Der Name „Birkenwasser" stammt jedenfalls nicht von ungefähr. Das Gelände ist ein bisschen sumpfig, der Darmbach schlängelt sich nicht weit entfernt durch den Wald, viele kleine Zuflüsse sorgen auch heute noch für feuchten Boden, zumindest außerhalb der nun häufiger auftretenden Trocken- und Hitzeperioden. Bevor die Geräte installiert werden konnten, musste der Grund also erst einmal trockengelegt werden. Ein kniffeliges Unterfangen, bei dem der ein oder andere Laster auch schon mal im Matsch stecken blieb. Doch von dem Zeitpunkt an, als das Birkenwasser im Juni 1971 schließlich der Öffentlichkeit übergeben wurde, diente der Platz den

Darmstädtern und Mühltalern als beliebtes Ausflugsziel – ganz so, wie Förster Schack es sich gewünscht hatte. „Da war immer was los im Sommer“, weiß Bickelhaupt. „Und im Winter hatte sich sogar der Nikolaus den Platz für die Bescherung der Grundschüler ausgesucht.“

Neben den Trimm-dich-Geräten gab es dort eine überdachte Grillhütte, „das war ebenfalls ein großer Anziehungspunkt, nicht nur für Familien“. Auch das ein oder andere Klassenfest stieg dort, Wandergruppen rasteten, Jugendliche feierten. Viele Jahre lang ging das gut, doch dann war es vorbei. „Weil ein paar Halbstarke, angeblich eine Gruppe junger Darmstädter, wiederholt dort gewütet haben, hat das Forstamt schließlich den Rückbau dieser tollen Freizeiteinrichtung beschlossen“, bedauert Hans-Edgar Bickelhaupt. „Der Aufwand für die Instandsetzung war einfach zu hoch, und permanent bewachen konnte man den Platz schließlich auch nicht“, zeigt der Pädagoge Verständnis für die Entscheidung des Forstamtes. So war 1991, 20 Jahre nach der Eröffnung, Schluss mit dem Birkenwasser. Der Grill- und Waldspielplatz wurde geschlossen, die Geräte entfernt.

Ab und zu fährt der begeisterte Fahrradfahrer noch an dem Gelände vorbei. Doch heute erinnert nichts mehr an diesen Ort in der Senke an der Backofenschneise. „Das Birkenwasser ist vollständig versunken, der Platz wieder von Birken bewachsen.“ Der Wald hat sich die Fläche zurückgeholt.

Kerstin Schumacher

Hier befand sich das Birkenwasser:

Der Erholungsplatz lag am Ende der Backofenschneise, etwa 400 Meter nördlich des Traisaer Hüttchens.

Das Bau-Muster-Haus: Ideengeber und Inspiration für eine ganze Generation von Bauherren.

Bau-Muster-Haus

Die Messe in der Stadt

„Es gibt Orte, die waren irgendwie schon immer da." Eric Barnert steht an der Kreuzung Rheinstraße / Göbelstraße und schaut auf das Maritim-Hotel. Der 13-stöckige Bau ist das erste größere Gebäude, das man wahrnimmt, wenn man von der Autobahn in die Stadt hineinfährt. Das Maritim-Hotel öffnete seine Zimmertüren allerdings erst im Jahr 1981. Gut, das ist 40 Jahre her, aber das Gelände war zuvor auch bebaut gewesen. Doch was stand vorher an diesem Ort? Eric Barnert ist ein echter Heiner-Bub und wurde vor weit mehr als 40 Jahren hier geboren. „Als das Maritim-

Wo einst das Bau-Muster-Haus stand, erhebt sich heute das Maritim-Hotel.

Hotel eröffnete, da war ich gerade mal in der Pubertät", schmunzelte er. Es gibt viele Orte, bei denen man sich fragt, was denn eigentlich früher dort stand. „Aber beim Maritim, da wollte ich es genau wissen!", beschreibt er seine Beweggründe.

Es bedurfte ein wenig Recherche, um herauszufinden, dass an der Stelle des heutigen Hotels einstmals das so genannte „Bau-Muster-Haus" stand. Im Gegensatz zum heutigen Hotel-Hochhaus gab es sich in der Höhe bescheiden: Es war gerade einmal zwei Stockwerke hoch. Auch wenn der Betrachter es auf dem Foto nicht erkennen kann: Fuhr ein Besucher von Westen in die Stadt hinein, war es in seiner üppigen Farbigkeit wohl kaum weniger eindrucksvoll als das heutige Maritim.

Aber was musste sich der Darmstädter unter einem Bau-Muster-Haus vorstellen? „Das Haus entstand in den Jahren 1955 bis 1956", berichtet Eric Barnert. „Das war lange bevor die ersten Baumärkte in Deutschland ihre Pforten öffneten." Da sprang das Bau-Muster-Haus in die Bresche: Es war quasi eine stationäre Messe für alle Aspekte des

Häuserbaus – und das ganzjährig! Verschiedenste Materialien und Produkte, die mit dem Bauen in Verbindung standen, wurden dort präsentiert. Neben einer ständigen Musterschau für Baustoffe, Bauteile, Zubehör und Einrichtungsgegenstände gab es wechselnde Sonderschauen. Das Bau-Muster-Haus war somit Informationszentrale, Ratgeber und natürlich auch Werbefläche für alle Materialien rund ums Bauen. An einer großen Informationstheke konnten sich Interessenten fundiert beraten lassen.

Immer neugierig auf die jüngere und ältere Stadtgeschichte: Eric Barnert.

Architektonisch war das Bau-Muster-Haus ein Highlight: Der Entwurf stammte von keinen Geringeren als Otto Dörzbach (1920-1989) und Otto Bartning (1883-1959), die in Darmstadt zahlreiche architektonische Spuren hinterlassen haben. Die beiden Architekten bauten das Gebäude damals auf der grünen Wiese. Es bestand aus zwei rechtwinklig zueinander stehenden Hallen, die durch einen großzügigen, zweigeschossigen Eingangs- und Bürobereich miteinander verbunden waren. Allein schon die Verwendung vieler neuer Werkstoffe wirkte wie eine Präsentationsfläche der modernsten Baustoffe.

So lobt etwa Helge Svenson in dem Buch *Architektur der fünfziger Jahre* des Herausgebers Michael Bender die Architektur des Baus in den höchsten Tönen: „Die leichten, mit Ytong ausgefachten Stahlskelettbauten waren an ihrer Straßenfront großzügig verglast und auf der Gartenseite mit einem ganzen Repertoire farbiger Terrazzoplatten verkleidet", heißt es da etwa. Und weiter: „Darüber hinaus präsentierte sich das Gebäude selbst als bunte Collage der neuesten und modernsten Materialien: Die Farbpalette reichte vom leuchtenden Blau der tragenden Stahlkonstruktion bis zu den dunkelroten Fensterprofilen. Zarte Glasmosaiken waren kontrastreich gegen die massiven Flanken des Bürogeschosses gesetzt, und über den filigranen Stahlfachwerkträgern der Dachkonstruktion wechselten geschlossene Flächen mit Lichtbändern aus in Aluminium gefassten Glasbausteinen."

Noch 1967 wurde das Bau-Muster-Haus sogar erweitert: Ein neuer Anbau stellte zusätzliche Ausstellungs- und Veranstaltungsräume zur Verfügung. Dank der rapiden technischen Entwicklung gerade bei Baumaterialien veraltete das Bau-Muster-Haus in Konzept und Ausführung aber sehr schnell, beschreibt Helge Svenson. „Und auch in den langsam entstehenden Baumärkten konnte man die tollen Werkstoffe nicht nur sehen, sondern gleich einkaufen", weiß auch Eric Barnert. Somit musste die Bau-Messe im Kleinformat Ende der siebziger Jahre leider weichen, als das große Hotel seinen Platz forderte.

„In den langsam entstehenden Baumärkten konnte man die tollen Werkstoffe nicht nur sehen, sondern gleich einkaufen."

Michael Kibler

Hier stand das Bau-Muster-Haus:

Es befand sich in der Rheinstraße 105, exakt auf dem Gelände des heutigen Maritim-Hotels.

Die einstige Halle an der Soderstraße hatte eine bewegte Geschichte, die 1988 endete.

Halle

Ein doppelt verschwundener Ort

Viele Anekdoten hat Wolfgang Brühl seinem Sohn erzählt. Und der erinnert sich freilich noch heute gerne an dessen Geschichten. Martin Brühl hat auch die Tagebucheinträge seines 2017 verstorbenen Vaters aufbewahrt. Darin beschreibt dieser seine Lehrzeit bei der Firma Stindt, die von 1955 bis 1958 dauerte. Der Betrieb – Werner Stindt Elektromaschinen- und Apparatebau – war seit 1951 in einer Halle an der Soderstraße untergebracht. Das Unternehmen war aber nicht der einzige Nutzer: Im Laufe der Jahrzehnte wechselte die Belegung öfters.

Heute befindet sich dort das Finanzamt.

Die Halle an der Soderstraße 30 hat also eine bewegte Geschichte – bewegt im wahrsten Sinne des Wortes, denn hier wurde einst viel Sport getrieben. Das Gebäude war eine alte Schulturnhalle, die sowohl vom Ludwig-Georg-Gymnasium als auch von Sportvereinen genutzt wurde. Heute steht an dieser Stelle das Finanzamt. Doch der Reihe nach.

Nach dem Ersten Weltkrieg widmeten sich immer mehr Menschen der körperlichen Ertüchtigung, auch in Darmstadt. Entsprechend nahm die Zahl der Sportangebote zu. Für so viele Sportler war die Stadt allerdings nicht gerüstet, es mangelte an geeigneten Anlagen. Diese wurden deshalb ab 1918 massiv erweitert und ausgebaut.

Das Gelände für die TSG 1846 an der Teichhausstraße war schon im Dezember 1919 fertiggestellt worden. Hier fanden nun die Spiele der neu gegründeten Fußballabteilung statt. Doch schon nach wenigen Jahren wurde es dem ältesten Darmstädter Sportverein dort zu eng, also pachtete die TSG in der Folge ein Grundstück hinter dem Woog an der Heinrich-Fuhr-Straße und baute dort weitere Sportanlagen.

Später, während des Nazi-Regimes, waren alle Vereine gezwungenermaßen Mitglieder im Nationalsozialistischen Reichsbund für Leibesübungen (NSRL). Als der Krieg am 8. Mai 1945 mit der bedingungslosen Kapitulation der Wehrmacht endete und die Alliierten die Verwaltung übernahmen, wurden alle Vereine samt ihrem Dachverband aufgelöst. Sie sollten neu aufgebaut werden, garantiert ohne nationalsozialistisches Gedankengut. Im Januar 1949 hob die Militärregierung das Verbot schließlich auf. Damit erhielten alle Vereine in Darmstadt die Möglichkeit zur Neugründung. Als erstes fanden sich am 15. Januar 1949 die Mitglieder der TG Bessungen wieder zusammen. Wenige Monate darauf, am 1. Juni 1949, gründete sich mit der TSG 1846 auch der größte vor 1945 bestehende Darmstädter Sportverein wieder neu. In den kommenden zwei Jahrzehnten erfolgte der weiträumige Ausbau des Vereinsgeländes an der Heinrich-Fuhr-Straße am Woog, wo sich die TSG heute noch befindet.

Martin Brühl hat von seinem Vater viel über die einstige Firma Stindt an der Soderstraße erfahren.

In die Sporthalle an der Soderstraße zog 1951 die Firma Stindt ein. „Mein Vater hat dort eine Ausbildung zum Elektrogerätemechaniker gemacht“, erzählt Feinmechaniker Martin Brühl. Der Vater wurde bald zum Vertrauten und zur rechten Hand des Chefs. „Die Lehrlinge haben sich gegenseitig Streiche gespielt“, weiß der zweifache Familienvater zu berichten. „Zum Beispiel machten sich dort einige Gesellen den Spaß, einem Kollegen den Essenstender so an den Dachstuhl des Gebäudes zu platzieren, dass niemand mehr herankam.“ Doch 1962 war Schluss mit lustig, der Betrieb musste schließen. „Nachdem der Chef Werner

Stindt die Firma verkauft hatte, war es mit dem neuen Geschäftsführer nur noch bergab gegangen."

In späteren Jahren beherbergte ein Nebengebäude der Halle einen Getränkemarkt. Der musste allerdings für den Neubau des Finanzamtes weichen. „1988 wurde die Halle abgerissen", sagt Martin Brühl. „Wahrscheinlich hing der Essenstender von damals noch im Dachstuhl", unkt der Darmstädter, „genießbar war der Inhalt wohl eher nicht mehr."

Das viergeschossige Finanzamt-Gebäude entstand nach vielen Diskussionen an der Soderstraße, genauer in dem Geviert zwischen Soder-, Teichhaus-, Adolf-Spieß- und Riedlingerstraße. Zuvor war das Amt an der benachbarten Lindenhofstraße beheimatet, die Mitarbeiter klagten da seit Jahren über Raumnot. Der Altbau der Behörde wurde 1908 errichtet, in der Brandnacht 1944 größtenteils zerstört und in den Jahren 1952 bis 1954 aufgebaut. Das Gebäude steht heute unter Denkmalschutz. In den 1980er-Jahren beschäftigte die Behörde 600 Mitarbeiter, hatte im Altbau aber nur Platz für die Hälfte von ihnen. Hohe Mietkosten zur Unterbringung aller Angestellten in Außenstellen an der Eschollbrücker- und Hügelstraße waren die Folge. Der Neubau an der Soderstraße wurde also sehnlichst erwartet.

Die Bauzeit dauerte einige Jahre, von Ende der 1980er- bis Anfang der 1990er-Jahre. 1993 bezog das Finanzamt sein neues Domizil. Da waren die ursprünglichen Gebäude längst Geschichte. Doch jedes Mal, wenn Martin Brühl seine Steuererklärung dort abgibt, denkt er an die Lehrstätte seines Vaters, an der er so viel gelernt und so viel Schabernack getrieben hatte.

Kerstin Schumacher

Hier stand die Halle:

Einst trug sie die Hausnummer 30, heute befindet sich an dieser Stelle der Neubau des Finanzamts.

Monumentales Eingangsportal für die letzte Jugendstilausstellung 1914: das Löwentor von Albin Müller und Bernhard Hoetger.

Löwentor

„Darmstadts niesende Igel“

„Während ich in Darmstadt studierte, war mir überhaupt nicht bewusst, dass ich unmittelbar neben einem solch geschichtsträchtigen Ort gewohnt habe“, sagt Dr. Bernward Rüpprich. Er lebte Anfang der 70er-Jahre mit seinen Eltern im Lucasweg, unmittelbar an der Mathildenhöhe. Nun steht er auf dem Nikolaiweg, links neben ihm der Platanenhain, vor ihm das Wasserbecken von Albin Müller. „Hier standen sie, die sechs Löwen, geschaffen von Bernhard Hoetger, auf den Stelen von Albin Müller.“ Jeder musste an ihnen vorbei, wollte er von Westen her die

Kaum ist das Tor weg, sieht man wieder direkt auf das Albin-Müller-Becken.

Jugendstilausstellung des Jahres 1914 besuchen. Diese Ausstellung stand unter der Leitung von Albin Müller (1871-1941). Es war die vierte, die unter Großherzog Ernst Ludwig (1868-1937) auf der Mathildenhöhe dargeboten wurde. 1901 fand die erste Ausstellung mit dem Titel „Ein Dokument Deutscher Kunst“ statt. Noch heute kann man die Villen im Alexandraweg sehen, die von den Künstlern und Architekten zu diesem Anlass errichtet wurden. Auch das Ernst-Ludwig-Haus, in dem sich heute das Jugendstilmuseum befindet, entstand 1901 und diente als Atelierhaus für die Künstler. „Mein Hessenland blühe und in ihm die Kunst“, das war das Credo des Großherzogs. So versuchte er Kunst und Alltag zu verbinden, zu versöhnen. Die Schau 1901 war ein großer Erfolg, wenn auch nicht in finanzieller Hinsicht. 1904 folgte bereits die zweite Ausstellung, abermals auf der Mathildenhöhe, aber von vornherein deutlich bescheidener dimensioniert.

Die dritte, 1908, war die erste unter der Leitung von Albin Müller. Im Zentrum standen Arbeiterhäuser, die seinerzeit am Osthang der

Mathildenhöhe gebaut worden waren. „Einen Teil von ihnen kann man auch heute noch, zumindest von außen, bewundern. Sie sind unmittelbar nach der Ausstellung versetzt worden, in die Erbacher Straße 138-150, unmittelbar neben dem Hofgut Oberfeld", weiß Bernward Rüpprich. „Heute sind sie jedoch privat bewohnt."

Schon 1910 hatte man den Plan ins Auge gefasst, auf der Mathildenhöhe eine weitere Ausstellung der Künstlerkolonie zu veranstalten. Das war die Stunde der Löwen. Und die des Wasserbeckens. Denn unmittelbar vor der Russischen Kapelle ließ Albin Müller jenes Bassin in Form eines klassischen Rundtempels errichten.

Dr. Bernward Rüpprich hat in den Siebzigern in Darmstadt studiert – und unmittelbar neben einem seiner Lieblingsorte gewohnt: der Mathildenhöhe.

Das Löwentor bildete den westlichen Eingang zur Ausstellung von 1914. Albin Müller hatte die sechs aus Kunststein gefertigten Doppelsäulen mit ionischen Kapitellen gestaltet. Darauf thronten die sechs überlebensgroßen Gussstein-Löwenplastiken von Bernhard Hoetger (1874-1949). Die Portale zwischen den Säulen waren mit Reiterreliefs verziert. Sie stammten ebenfalls von diesem Künstler. Der Bildhauer hatte für die Ausstellung auch Plastiken im Platanenhain aufgestellt, die heute noch allesamt dort zu sehen sind.

„Hoetger ist in mancher Hinsicht eine tragische Gestalt", sagt Bernward Rüpprich. „Er sympathisierte mit dem Nationalsozialismus, aber der Nationalsozialismus nicht mit ihm." Seit dem Nürnberger Reichsparteitag 1936 galt seine Kunst als „entartet".

Wie so viele Bauten war auch das Löwentor nur temporär errichtet worden. Als die Jugendstilausstellung 1914 im August vorzeitig wegen Ausbruchs des Ersten Weltkriegs abgebrochen wurde, war dies auch das Ende für das Löwentor. „Ich persönlich finde das sehr schade, denn das Tor wäre auch heute noch ein wirklich tolles Empfangsportal für die Mathildenhöhe, gerade vor dem Hintergrund, dass die Mathildenhöhe den Titel als Weltkulturerbe der UNESCO erhalten hat", überlegt Bernward Rüpprich.

Aber ganz so traurig muss er eigentlich nicht sein. Denn sowohl die Löwen als auch ihre Säulen existieren noch. 1926 fanden die Raubtierdarstellungen anlässlich des 25-jährigen Jubiläums der ersten Jugendstilausstellung einen neuen Platz: Sie wurden vor der Rosenhöhe platziert. Albin Müller hatte extra neue Klinkerpfeiler für die Raubkatzen entworfen, da ihm die Hoetgerschen Könige der Savanne ein wenig zu wuchtig für seine ursprünglichen Säulen erschienen. So brüllen die mächtigen Löwen lautstark nach unten. „Manch Darmstädter nennt sie jedoch respektlos – und das passt auf den zweiten Blick auch – ‚die niesenden Igel'."

Und die Säulen? Sie wurden ebenfalls wiederverwendet: Seit 1933 zieren sie den Eingang des Darmstädter Hochschulstadions. Allerdings thronen auf den Säulen keine Löwen mehr, sie halten einfach einen Querbalken mit der Aufschrift *Hochschulstadion*. „Was belegt: In Darmstadt kommt nichts weg", schmunzelt Bernward Rüpprich.

Michael Kibler

Hier stand das Löwentor:

Es befand sich auf der Darmstädter Mathildenhöhe, unmittelbar vor dem Albin-Müller-Becken.

Die Luftaufnahme stammt von 1969 und zeigt das Klinikgelände von Westen.

Teilklinikum Eberstadt

Das Ende einer Ära

Niemand kennt die Geschichte der Eberstädter Klinik so gut wie Immo Grimm – kein Wunder: 32 Jahre hat er dort gearbeitet, davon 24 Jahre als Leitender Oberarzt der Hautklinik. Über eine Station kann er Besonderes berichten. Und auch über das düstere Kapitel während der Nazi-Zeit weiß der Bessunger Bescheid – er ist ein richtiger Experte auf diesem Gebiet und hat viel zu erzählen. Privat hat sich der inzwischen längst pensionierte Mediziner ebenfalls mit seiner Wirkungsstätte beschäftigt und darüber sogar ein Buch geschrieben. Gemeinsam mit der ehemaligen

Viel dichter bebaut präsentiert sich das Gelände 2021

Leitenden Oberschwester Ruth Reichardt skizziert er darin die Geschichte der Einrichtung.

„Die Geschichte der Eberstädter Anlage beginnt 1903 mit der Eröffnung der Provinzial-Pflegeanstalt“, gibt der ehemalige Oberarzt zunächst einen Überblick. „Dazu gehörte ein landwirtschaftlicher Betrieb mit elf Hektar Acker- und Gartenland, außerdem wurden dort Nutztiere gehalten. Die Insassen der Anstalt mussten alle landwirtschaftlichen Arbeiten unter Anleitung eines Gärtners ausführen. Auch als Stations- und Küchenhilfen wurden die Pfleglinge, so nannte man die Insassen, eingesetzt. Noch 1949 wurden dort 44 Schweine gehalten, der Betrieb wurde erst 1959 aufgegeben“, weiß der Mediziner.

Ab 1937 firmierte die Provinzial-Pflegeanstalt unter dem Namen „Landes-Alters- und Pflegeheim“. Deren historische Gebäude liegen entlang der Heidelberger Landstraße und prägen auch heute noch Eberstadts Süden. Im Jahr 1941, zwei Jahre nach Ausbruch des Zweiten Weltkriegs, richteten die Behörden dort ein Lazarett ein, um verwundete Soldaten gesund zu pflegen. Für die Bewohner des Altenheims waren die Jahre der Herrschaft des NS-Regimes dagegen grausame Jahre – „eine düstere Geschichte“, hat Immo Grimm herausgefunden. Denn auf dem Gelände geschah zu dieser Zeit Schreckliches: „In den Jahren des Rassenwahns wurden 30 Prozent der Heimpfleglinge unfruchtbar gemacht.“ Ab 1941 schickten die nationalsozialistischen Befehlshaber psychisch Kranke und jüdische Bewohner in die Tötungsanstalt nach Hadamar, wo sie in der Gaskammer ermordet wurden. 80 von ihnen sind namentlich bekannt, ihre Schicksale konnten aufgeklärt werden. Doch weitere 220 Pfleglinge sind für immer verschwunden. Verschleiert durch mehrfache Verlegungen in wechselnde Heime, ist ihre Spur nicht mehr nachzuvollziehen. „Aber klar ist, sie sind nie nach Eberstadt zurückgekommen.“ Etwa 100 arbeitsfähige Insassen blieben zurück, sie mussten den landwirtschaftlichen Betrieb am Laufen halten.

So sah es aus, das alte Geschirr nebst Besteck, das in der Klinik verwendet wurde.

Nach Kriegsende diente die Anstalt als Kriegsgefangenenlazarett der amerikanischen Armee, das aber schon im Februar 1946 aufgelöst wurde. Der Regierungspräsident überließ der Stadt Darmstadt die Gebäude, in die in der Innenstadt ausgebombte Kliniken einzogen. Mit dem Einzug der Chirurgischen Klinik 1947 begann das eigentliche Kapitel des Teilkrankenhauses Eberstadt.

So weit hat das Immo Grimm recherchiert. Sein eigenes Erleben als Arzt in Eberstadt begann 1968 in der Hautklinik. Noch genau erinnert er sich an ein kleines, braunes Gebäude auf dem Gelände, das sich am Rand der Parkanlage mit großen, alten Bäumen befand. Es hat eine eigene Geschichte. Das barackenähnliche Häuschen wurde gleichzeitig mit der Pflegeanstalt errichtet. Es war die Station für Insassen mit infektiösen Krankheiten. Als dann 1947 die ersten Kliniken in die alten Gebäude einzogen, wurde es zu einem Kasino umgebaut, auch das Essen wurde hier zubereitet. „Heute würde man wohl Kantine sagen", erläutert Grimm. „Dort nahmen Ärzte, Schwestern und Technisches Personal, streng voneinander getrennt, ihr Mittagsmahl ein." So hat es der Mediziner ab 1968 selbst noch erlebt. „Wir saßen nicht nur an eigenen Tischen, sondern nach Berufsgruppen eingeteilt in drei verschiedenen Räumen. Wir fanden das damals ganz normal und irgendwie selbstverständlich", erinnert sich der Arzt.

Immo Grimm hat sich ausführlich mit der Geschichte des Eberstädter Teilklinikums beschäftigt.

Als es im Jahr 1962 in Darmstadt mehrere Verdachtsfälle auf Pocken gab, „eine hochinfektiöse, lebensbedrohliche Krankheit, die viele Menschen nicht überlebten", betont Grimm, war die Angst vor Ansteckung groß, und das Kasino wurde sehr aufwendig umgebaut – in eine Pocken-Isolierstation. Ein hoher Maschendrahtzaun um das Gebäude sollte den Kontakt mit Infizierten verhindern. „Um sie zu schützen, wurden Ärzte und das Pflegepersonal gegen die Krankheit geimpft", erinnert sich der Mediziner. „Wir hatten auch Ganzkörper-Schutzanzüge aus dünnem Plastik. Ich besitze meinen heute noch!" Allein: Es kam kein Pockenkranker. Einige Verdachtsfälle erwiesen sich schnell als vergleichsweise harmlose Windpocken. Entwarnung!

Inzwischen hatte das Universitätsklinikum Frankfurt ebenfalls eine Isolierstation gebaut, damit war das Problem für Darmstadt gelöst. Was folgte? Genau: der Rückbau der Pockenstation zum Kasino. Ab 1966 aß dann das Klinikpersonal wieder in dem kleinen Gebäude – immer noch getrennt. „So habe ich es bis 1972 erlebt", sagt der frühere Oberarzt. Dann wurde das Kasino für den Bau der Kinder- und HNO-Klinik abgerissen. Die Pocken waren 1980 durch eine weltweite Impfung ausgerottet.

Die Kinderklinik, ein Zweckbau mit umlaufenden Balkonen, wurde außen bunt bemalt. „Aber besonders auffällig war die Farbgestaltung der Innenräume", findet Grimm. Unter Anleitung des Künstlers Jörn Ehlers hatten Darmstädter Schulkinder die Gestaltung des Treppenhauses, der Flure und Zimmer übernommen. Nach dem Auszug der Kinderklinik im Jahr 1996 wurden die Farben mit tristem Grau überpinselt.

Die Leichenkapelle wurde im Jahr 1972 abgerissen.

Auch über die anderen alten Gebäude des Klinikstandorts Eberstadt weiß Immo Grimm Bescheid. In dem Verwaltungsgebäude mit seinem Uhrtürmchen wohnten zur Zeit der Pflegeanstalt der Ärztliche Direktor und der Verwalter. Im Erdgeschoss befanden sich das Pförtnerzimmer, eine Apotheke und ein Raum für kleine operative Eingriffe. „Im Keller gab es den einzigen Luftschutzraum der gesamten Anlage", erzählt der ehemalige Hautarzt. „In diesem Raum fand ich auch die modrigen Akten, die mir die düstere Geschichte der Pflegeanstalt in der Nazi-Zeit erschlossen."

Die historischen Gebäude wurden im Laufe der Jahrzehnte renoviert und umgebaut, aber es ging nur langsam voran. „Als sich mein

Chef, Professor Landes, 1971 darüber beklagte, dass die Renovierung seiner Hautklinik ins Stocken geraten war, meinte der damalige Bürgermeister Horst Seffrin: ‚Herr Landes, wir machen an dem alten Haus nicht mehr viel, Ihre Klinik wird in absehbarer Zeit in die Innenstadt umziehen' ", erinnert sich Immo Grimm. Aber erst fünfzig Jahre später wird die Vorhersage Realität. Das „Teilklinikum Eberstadt" ist nun, wie seine Vorgängerin, die Provinzial-Pflegeanstalt, Geschichte.

Das Ende einer Ära, findet Grimm. „Ich habe sehr gerne hier gearbeitet und konnte mir einen Umzug in die Stadt nur schwer vorstellen", sagt er im Rückblick. „Aber die Zusammenlegung aller Kliniken an einem Ort war eine wirtschaftliche Notwendigkeit und für die Patienten eine ganz erhebliche Erleichterung, weil nun die Transporte in die Stadt zu speziellen Untersuchungen entfallen", ist der pensionierte Mediziner überzeugt.

Die Stadt Darmstadt als Eigentümerin des Geländes wird auf dem Areal Wohnraum schaffen. „Wenn die Bebauung beginnt, wird nur noch unser Buch die Erinnerung an das Teilklinikum Eberstadt wachhalten", sagt Grimm. Das Buch endet im Jahr 2013. Bis dahin waren schon zwei der insgesamt sieben in Eberstadt neu eingerichteten Kliniken in die Grafenstraße verlegt worden. Die Auflösung des Teilkrankenhauses hatte begonnen – und wurde im Frühjahr 2021 beendet.

Kerstin Schumacher

Hier befand sich das Teilklinikum Eberstadt:

Es stand im südlichen Eberstadt an der Heidelberger Landstraße zwischen Stockhausenweg und Nußbaumallee.

Von der Kaserne zum Regierungssitz – das Alte Palais legte während der Zeit seiner Existenz eine steile Karriere hin.

Altes Palais

Regieren am Luisenplatz

Ein Garten erstreckte sich vom Luisenplatz bis in den Süden an die Elisabethenstraße. Nein, wir sprechen hier nicht von einer Zeit, als Großherzöge über das Hessenland herrschten, sondern von jener zwischen 1951 und 1975. Durch die Grünflächen waren Wege gezogen, an den Rändern standen kleine Läden, Buden und Büdchen. „Manch spätere Institution des Einzelhandels hatte hier ihre Wurzeln", sagt Jörg Harbrecht und lächelt, als er ergänzt: „Ich erinnere mich gut an diverse Einkaufsbummel mit den Eltern." Harbrecht engagiert sich seit Jahren im Denkmalschutz, unter

Das Luisencenter – architektonisch könnte der Unterschied zum Vorgängerbau kaum größer sein.

anderem in den Vereinen „Stadtbild Deutschland", „Freundeskreis Stadtmuseum" und „Ehrenamt für Darmstadt".

Die Erinnerung an das Einkaufserlebnis im Grünen ist Geschichte. Heute erstreckt sich auf der ehemaligen Parkfläche das raumgreifende Luisencenter. Jener Garten hatte sogar historische Wurzeln. Aber nur zum Teil. Der nördliche Bereich am Luisenplatz war nämlich bereits zuvor bebaut gewesen. Dort stand seit dem 18. Jahrhundert das „Alte Palais". Wer sich eine Vorstellung davon machen möchte, wie es ungefähr ausgesehen hat, braucht auf dem Luisenplatz nur den Blick nach Norden zu lenken. Dann schaut man auf das „Kollegiengebäude", den heutigen Sitz des Hessischen Regierungspräsidiums. Es ist dem damaligen Palais in seiner äußeren Form sehr ähnlich.

„Manch spätere Institution des Einzelhandels hatte hier ihre Wurzeln. Ich erinnere mich gut an diverse Einkaufsbummel mit den Eltern."

Landgraf Ernst Ludwig (1678-1739) hatte ursprünglich ein Haus bauen lassen, das 1710 zum ersten Mal urkundlich erwähnt wurde. Als der Posthalter Friedrich Jacob Brandt selbiges erwarb, stellte dieser umgehend ein zweites, baugleiches daneben. Der hessische „Soldatenkönig" Ludwig IX. (1719-1790) ließ die beiden Gebäude später zu einer Reiterkaserne ausbauen.

Dass aus den beiden Kasernen schließlich ein repräsentatives Palais wurde, war der bevorstehenden Vermählung des Erbprinzen Ludwig – des späteren Großherzogs Ludwig II. (1777-1848) – mit Wilhelmine Luise von Baden (1788-1836) geschuldet. Architekt Michael Mittermayer (1757-1816) erhielt 1802 den Auftrag, aus der Kaserne einen standesgemäßen Aufenthaltsort für den Landesvater in spe zu gestalten. Er erweiterte den Bau vor allem um drei Fensterachsen, damit die Symmetrie der Gebäude am Luisenplatz ihre Wirkung entfalten konnte.

Der Mittelraum im Alten Palais mit dem Schreibtisch Ludwigs II.

Nachdem das Haus durch den Umbau gewonnen hatte, wurde Georg Moller (1784-1852) beauftragt, auf dem bis dahin als Holzhof dienenden Gelände einen passenden Palaisgarten anzulegen. Der Park wurde dann mit einer hohen Mauer eingefasst. Moller ließ weitere Gebäude errichten, etwa Remise, Stall und mehrere flache Querbauten. Und das Obergeschoss bot Wohnungen für Stallmeister, Wagenmeister und die Dienerschaft.

Hatte er den Bau seinerzeit adäquat erweitert, bekam Moller knapp 30 Jahre später den Folgeauftrag, das Palais noch residenztauglicher zu machen. Er vergrößerte die Gebäudetiefe des Vorgängerbaus durch einen dreigeschossigen, mit beiden Seitenflügeln verbundenen Neubau inklusive ganz in Gold und Weiß gekleidetem Festsaal. Doch wie man das auch heute von Bauwerken kennt, wurde bereits damals eifrig um die Kosten für den Ausbau gestritten. Moller musste auf eine vereinfachte Version zurückgreifen, die – aus heutiger Perspektive – dennoch opulent ausfiel. So barg das Gebäude etwa ein weitläufiges, sehr elegantes, dreiläufiges Treppenhaus. „Wer sich eine Vorstellung davon machen möchte, wie das damals ausgesehen hat, muss nur nach Wiesbaden fahren: Das Treppenhaus des dortigen Schlosses, heute Sitz des hessischen Landtags, ist jenem des alten Palais sehr ähnlich gestaltet", weiß Jörg Harbrecht zu berichten. Das sei kein Wunder, fügt er hinzu, „denn auch dieses Schloss hat Georg Moller entworfen".

Jörg Harbrecht hat sich ganz dem Denkmalschutz verschrieben – insbesondere in Darmstadt.

Nach dem Tod des Großherzogs Ludwig III. (1806-1877) wurde das nunmehr *Alte* Palais als Repräsentations- und Gästehaus genutzt. Denn der Thronfolger Ludwig IV., ein Neffe Ludwigs III., bezog als Wohnsitz das *Neue* Palais, 400 Meter südlich neben der Kirche Sankt Ludwig gelegen.

Nichtsdestotrotz fanden im Alten Palais immer noch bedeutende Feste statt, etwa die Hochzeit von Alice Victoria von Battenberg (1885-1969), Nichte des letzten Großherzogs Ernst Ludwig (1868-1937). Sie heiratete hier 1903 Prinz Andreas von Griechenland. Wer die Dame nicht gleich einordnen kann, dem sei gesagt, dass sie die Schwiegermutter der derzeitigen Königin Elizabeth II. von England ist. „Sie ist die Mutter von Prinz Philip, Duke of Edinburgh", erleichtert Jörg Harbrecht das mentale Sortieren.

Nach dem Ende des Ersten Weltkriegs wurde Deutschland zunächst zu einer Demokratie. Und aus dem Großherzogtum Hessen entstand der Volksstaat Hessen. Dessen Hauptstadt war – Darmstadt! „Dass Darmstadt einmal die Hauptstadt des Hessenlands war, ist fast in Vergessenheit geraten. Aber in der Zeit zwischen den Weltkriegen regierte die hessische Landesregierung tatsächlich in Teilen vom Alten Palais aus", unterstreicht Jörg Harbrecht. Der offizielle Sitz der Hessischen Landesregierung war damals das Ständehaus, das ehemalige Prinz-Christians-Palais. Es stand dort, wo heute am Luisenplatz die Sparkasse ihren Sitz hat.

Alice von Battenberg an ihrem Hochzeitstag 1903 in Darmstadt.

Der Tag, an dem das Alte Palais unterging, trägt das gleiche Datum wie die Vernichtung so vieler anderer Gebäude in Darmstadt auch: In der Bombennacht vom 11. September 1944 brannte es bis auf die Grundmauern nieder. Die Frontfassade Richtung Luisenplatz wurde bereits kurz nach dem Angriff aus Sicherheitsgründen gesprengt, doch die Hoffassaden und Teile des Außenmauerwerks der Seitengebäude standen noch.

Der Magistrat der Stadt diskutierte in den Jahren danach eifrig über einen Y-förmigen Bau am Südende des Palaisgartens, also zur Elisabethstraße hin. Auch der Plan für einen zweigeschossigen Bau am ehemaligen Standort des Alten

Palais wurde diskutiert, aber schließlich fallengelassen. 1951 beseitigten Bagger die Reste der Gebäude – und vom Luisenplatz erstreckte sich ein quasi verlängerter Palaisgarten gen Süden – bis im Oktober 1975 die Bagger kamen, um die Baugrube für das Luisencenter auszuheben.

Ein paar Relikte des Alten Palais sind indes noch heute zu bestaunen: Sie wurden vor dem Abriss ausgebaut und zieren die Einfahrt zum Jagdschloss Kranichstein und auch eine der Schlossfassaden. „So bleibt zumindest ein kleines Stück des Palais gegenwärtig", resümiert Jörg Harbrecht. „Vielleicht gibt es ja einmal ein Modell des Gebäudes", überlegt er und schmunzelt dann: „Vielleicht wird es ja auch aus städtebaulichen Gründen wiederaufgebaut …"

„Vielleicht gibt es ja einmal ein Modell des Gebäudes."

Michael Kibler

Hier stand das Alte Palais:

Es befand sich am Luisenplatz 5, dort, wo heute das Luisencenter steht.

Diese Abbildung der Bessunger Turnhalle ist um 1900 entstanden, ihre Geschichte begann jedoch schon im 19. Jahrhundert.

Bessunger Turnhalle

Wo die Lappinge einst feierten

An die Bessunger Turnhalle erinnert sich Wolfgang Emmerich nur zu gut – und vor allem gerne. Schon als Bub hat er sich als Kegeljunge ab und zu ein paar Groschen dazuverdient, als Jugendlicher dort Fußball trainiert, als Erwachsener dann das ein oder andere Bier „in de Hall“ getrunken.

Die Geschichte der einstigen Bessunger Turnhalle reicht bis ins 19. Jahrhundert zurück, weiß der 1954 geborene Emmerich. Er ist ein waschechter Lapping und kennt die Bessunger Gassen und Geschichten wie kaum ein Zweiter. Nicht umsonst führt er mit Stolz und Freude

Heute befindet in der ehemaligen Turnhalle an der Heidelberger Straße die Comedy Hall.

als „Darmstadt Greeter" Ortsfremde regelmäßig durch seine Heimat. Startpunkt ist immer die ehemalige Turnhalle und heutige Comedy-Hall an der Heidelberger Straße, die dadurch auch eine besondere Rolle bei dem Rundgang einnimmt. „Die Turngemeinde Bessungen wurde im Jahr 1865 gegründet", beginnt Emmerich die Geschichte dieses verschwundenen Ortes zu erzählen, „als einer der ältesten Sportvereine Darmstadts." Trainiert haben die Mitglieder zunächst im Freien oder in den Sälen von Bessunger Gaststätten, ab 1878 in der Turnhalle der Bessunger Knabenschule. „Für 2.200 Mark hat der Verein dann 1881 das Grundstück an der Heidelberger Straße erworben", weiß Emmerich. Nach einigen Trai-

„Die Turngemeinde Bessungen wurde im Jahr 1865 gegründet als einer der ältesten Sportvereine Darmstadts. Für 2.200 Mark hat der Verein dann 1881 das Grundstück an der Heidelberger Straße erworben."

ningsstunden im Freien auf dem Gelände wurde dieses nach Entwürfen des Architekten Reinhardt Has (1850-1940) schließlich bebaut. Die Grundsteinlegung der Bessunger Turnhalle, in der sich heute eben die Comedy Hall befindet, war am 17. September 1899. „Am 11. November 1900 wurde die Turnhalle endlich eingeweiht." 1926 folgte in einem Anbau die Gaststätte namens „Bessunger Gud Stubb" oder landläufig eben einfach die „Hall", wodurch auch kulturelle Veranstaltungen möglich waren. So haben, abgesehen von den Turnern, auch die Mitglieder des 1905 gegründeten Karnevals-Vereins sowie diverse Chöre die Räume genutzt. „Es gab dort einen großen Saal mit Bühne und Empore und einen kleinen Saal im ersten Stock", erinnert sich Emmerich – den „Jahnsaal", benannt nach dem Turnvater.

Sperrmüll vor der Bessunger Turnhalle kündigt 1995 den Umbau zur "Comedy Hall" an.

Während des Zweiten Weltkriegs wurde das Gebäude zerstört. „Zuvor befand sich dort ein Lager für 30 Zwangsarbeiter und Kriegsgefangene, die bei der Carl Schenk AG arbeiten mussten", erzählt Emmerich. 30 Menschen aus Belgien und den Niederlanden waren dort von 1943 bis 1945 untergebracht. Nach dem Krieg packten die Bessunger Vereine – die Karnevalisten, die Turner und der Gesangsverein „Einigkeit" – an und bauten das Gebäude bis 1953 unter Mithilfe der Stadtverwaltung in mehreren Abschnitten nach einem Plan von Oberbaudirektor Peter Grund

(1892-1966) wieder auf. Der Entwurf beinhaltete erneut zwei Säle, eine große Gaststätte und drei Kegelbahnen – ebendort hatte sich später Emmerich als Kegeljunge immer einen Obolus verdient und sein Taschengeld aufgebessert. „Ich habe die Kegel hinten auf der Bahn wieder aufgestellt", erzählt er. Das war gar nicht so einfach, denn: „Damals hingen die Kegel noch nicht an Seilen und sind in alle Himmelsrichtungen davongeflogen." Da musste der junge Emmerich mitunter ganz schön turnen, bis er alle Kegel wieder eingesammelt und an Ort und Stelle platziert hatte.

Wolfgang Emmerich ist Lapping durch und durch und kennt die Gassen und Geschichten Bessungens wie kaum ein Zweiter.

Die feierliche Einweihung war am 14. November 1953. Das neue Gebäude wurde schnell wieder zum Zentrum der Bessunger Vereinstätigkeit, die Räume erlebten unzählige Turn-, Gesangs-, Kerb- und Karnevalsveranstaltungen. „Der große Saal bot Platz für 500 Stühle, das war natürlich großartig für einige Feste der Nachkriegszeit."

In einem Anbau gab es zudem ab 1968 für einige Zeit ganz besondere Angebote für Bessunger Bürger: Gefrierfächer und Badewannen beziehungsweise Duschen. Was kurios klingt, hatte durchaus Sinn. „Früher gab es noch nicht überall Bäder oder Badewannen zu Hause", sagt Emmerich. In der Tat: Zu dieser Zeit verfügten rund zwei Drittel der Bessunger Altbauwohnungen noch nicht über ein eigenes Badezimmer. Daher wurde die Körperpflege eben ausgelagert. „In der Halle gab es abschließbare Einzelbäder, purer Luxus für viele Familien." Genauso wie die Gefrierfächer. „So etwas hatten wir zu Hause nicht. Deshalb haben wir dann dort ein Fach gemietet", erinnert sich Emmerich. Statt das Gemüse aus dem eigenen Garten einzumachen, hat die Familie Karotten & Co. dann eben dort eingefroren.

Viele Jahre lang lief alles gut, die Bessunger waren glücklich mit ihrer Halle, schließlich wurde ihnen immer was geboten. Einmal haben sich sogar richtige Berühmtheiten dort die Ehre gegeben, wie Emmerich weiß. „1970 trat hier im Rahmen der BRAVO-Deutschland-Tour der 21-jährige Peter Maffay mit seinem Hit *Du* auf – gemeinsam mit dem heutigen Weltstar Tina Turner und The Tremeloes!" Und in den 1980er-Jahren feierten die Karneval-Begeisterten Rosenmontagsball – „in allen vier Räumen spielten Bands gleichzeitig", ist Emmerich noch immer begeistert. „Die Veranstaltung war stets ein Jahr im Voraus ausverkauft, der Umsatz für den damaligen Wirt lag bei mehr als 20.000 D-Mark."

„1970 trat hier im Rahmen der BRAVO-Deutschland-Tour der 21-jährige Peter Maffay mit seinem Hit ‚Du' auf – gemeinsam mit dem heutigen Weltstar Tina Turner und The Tremeloes!"

Doch 1994 folgte das Aus für die „Hall": Die Behörden hatten das Gebäude vor allem aus brandschutzrechtlichen Gründen für nicht mehr betriebssicher erklärt. „Den Umbau für Turnzwecke konnte der Verein aber nicht stemmen", sagt Emmerich.

Also wurde die Halle 1995/96 für den Theater- und Varietébetrieb umgebaut und am 1. März 1996 als „Comedy Hall" wiedereröffnet. Sie wird hauptsächlich vom „Kikeriki Theater" und seinem Gründer Roland Hotz genutzt. Roland Hotz hatte das Kikeriki-Theater schon 1979 in Darmstadt gegründet, 1980 gab er seine erste öffentliche Vorstellung für Kinder. Vier Jahre später ging das erste abendfüllende Erwachsenenprogramm über die Bühne. In die Comedy Hall zog Hotz seinerzeit aus der Bessunger Straße. Theaterpremiere dort war am 4. März 1996 mit *Erwin, ein Schweineleben*. Mittlerweile liefen nach Angaben der Comedy Hall rund 7.000 Vorstellungen vor mehr als 1,3 Millonen Zuschauern. Die „Hall“, heute unter Leitung von Felix Hotz, ist also noch immer ein beliebter Treffpunkt, wenn auch anders. Einziger Zeuge aus früheren Zeiten ist ein Turn-Pferd, das nach wie vor im Saal steht und die Besucher betrachtet. „Die Bessunger Turner“, schließt Emmerich seinen Bericht, „turnen seitdem in der Sporthalle der Lichtenbergschule.“

„Die Bessunger Turner turnen seitdem in der Sporthalle der Lichtenbergschule.“

Kerstin Schumacher

Hier stand die Bessunger Turnhalle:

Sie befand sich dort, wo heute die Comedy Hall steht: Heidelberger Straße 131.

Das Neue Palais, ein wunderschöner Bau, war der Wohn- und Regierungssitz der letzen beiden Großherzöge.

Neues Palais

Freud und Leid

Es duftet nach gegrilltem Fleisch, Lachen erfüllt die Luft, zahlreiche Gruppen und Grüppchen haben sich auf dem Platz versammelt, feiern, entspannen sich, plaudern. Obwohl es neun Uhr abends ist, ist das Tageslicht noch nicht verschwunden – ein perfekter Sommerabend, mitten in der Stadt, auf dem Georg-Büchner-Platz. Marjam Schellhaas, Vorsitzende des Vereins „Ehrenamt für Darmstadt" und sehr an der Stadtgeschichte interessiert, blickt auf das bunte Treiben. „Ein schöner Ort", findet sie. Aber dennoch: „Das Palais, das hier einstmals stand, das vermisse ich

Heute nutzen die Darmstädter Bürger das ehemalige Palaisgelände. Der Georg-Büchner-Platz ist ein beliebter Treffpunkt.

schon", sagt sie und fügt lachend hinzu: „Obwohl ich es selbst natürlich nie gesehen habe."

„Das Palais" ist eines von mehreren Gebäuden dieser Art. In Darmstadt sprach man von ihm immer nur als dem „Neuen Palais", befand sich doch am Luisenplatz bereits das „Alte Palais". Nachdem der spätere Großherzog Ludwig IV. (1837-1892) nach seiner Hochzeit 1862 mit Alice Maud Mary von Großbritannien und Irland (1843-1878) zunächst in den eher bescheidenen Räumen des Prinz-Carl-Palais untergekommen war, drängte die Mutter der Braut darauf – keine geringere als Königin Victoria von England (1849-1901) –, dass das Ehepaar ein standesgemäßes Domizil bekommen möge. Alice' Gemahl nahm daraufhin das Projekt in Angriff.

Dort, wo sich heute der Georg-Büchner-Platz sowie das Staatstheater befinden, zog sich einst das Grün des Botanischen Gartens hin. An dessen östlichem Rand, der Wilhelminenstraße, wurde das Palais zwischen 1864 und 1866 mit der Hausnummer 1 errichtet. Der Architekt Conrad Thaddäus Kraus (1833-1886) stammte aus Mainz. Er plante das Gebäude im Stil der italienischen Neo-Renaissance.

Ludwig und Alice zogen in das Gebäude ein – doch das Glück, nun weiträumiger wohnen zu dürfen, währte nicht lange. Was Architekt Kraus damals noch nicht wusste – und was auch in den 1960er-Jahren beim Bau des heutigen Staatstheaters durchaus Probleme verursachte – war, dass exakt unter dem Baugrund die geologische Bruchlinie zwischen dem Rheingraben und dem Odenwald-Granit verläuft. So kam es immer wieder zu Bauschäden durch Erdbeben, aber auch durch Stürme. Das Dach war des Öfteren undicht und wurde daher 1900 komplett neu als Mansardendach aufgebaut. Mit der Kanalisation gab es ebenfalls häufig Schwierigkeiten: Über die Auswirkungen, ganz besonders in Bezug auf üblen Geruch, beklagte sich Alice mehrfach. Mit Beginn der 1870er-Jahre begannen bereits zahlreiche Umbauten, besonders im Nordflügel des Gebäudes.

Der Empfangssalon im Neuen Palais darf getrost als die Wiege des Darmstädter Jugendstils bezeichnet werden.

Im Haus wurden einige von Alice' Kindern geboren, unter anderem auch Ernst Ludwig (1868-1937) und dessen Schwester Alix (1872-1918), spätere Gemahlin von Nikolaus II., des letzten Zaren von Russland (1868-1918). Nach dem Tod des Großherzogs Ludwig IV. zog dessen Sohn Ernst Ludwig als letzter Großherzog in das Palais ein. Seine drei Kinder wurden ebenfalls in diesem Palais zur Welt gebracht: Elisabeth 1895, das Kind aus der ersten Ehe mit Victoria Melita von Edinburgh (1876-1936), die leider bereits mit acht Jahren an einer

Typhusinfektion verstarb; danach Georg Donatus (1906-1937) sowie Ludwig (1908-1968) aus der Ehe mit Eleonore zu Solms-Hohensolms-Lich.

Großherzog Ernst Ludwig ist der Nachwelt insbesondere dadurch in Erinnerung geblieben, dass er auf der Mathildenhöhe jene vier berühmt gewordenen Jugendstil-Ausstellungen initiierte. Bereits mit der ersten Ausstellung 1901 und der Künstlerkolonie auf der Mathildenhöhe wurde dem Darmstädter Jugendstil öffentlich eine breite Bühne geboten.

Marjam Schellhaas engagiert sich für das Darmstädter Ehrenamt – und für die Erinnerung an das Neue Palais.

Doch schon zuvor hatte der Großherzog namhafte Künstler seiner Zeit dazu verpflichtet, die Räume im Neuen Palais neu zu gestalten – das war der Grundstein für die spätere Künstlerkolonie. Die englischen Künstler Charles Robert Ashbee (1863-1942) und Hugh Baillie Scott (1865-1945), die zur britischen Arts-and-Crafts-Bewegung ge-hörten, gestalteten etwa in den Jahren 1897/98 das Esszimmer und das Empfangszimmer völlig neu. Aus einem von Baillie Scott verfassten Zeitschriftenartikel geht hervor, dass sowohl der Großherzog als auch seine Gattin eng mit den beiden Künstlern zusammenarbeiteten. „So sind beispielsweise das Farbschema, Teile der Ausstattung sowie das Arrangement der Möbel auf Anregungen der Hoheiten zurückzuführen, die durch Veränderungsvorschläge bezüglich des ursprünglichen Schemas in hohem Maße zum Erfolg der Gesamtkomposition beigetragen haben“, wird Scott von Petra Tücks in ihrem Buch *Das Neue Palais* zitiert.

Auch international fand die Gestaltung der Räume und ihrer Einrichtungsgegenstände sehr viel positive Resonanz. In dieser Ausstattung lassen sich bereits zahlreiche Elemente finden, die später auch in den Werken der Künstler auf der Künstlerkolonie der Mathildenhöhe verwendet wurden. So zitiert Petra Tücks auch den Kunsthistoriker Hanno-Walter Kruft (1938-1993), der deutlich formulierte, „dass die Ideen der Arts-and-Crafts-Bewegung, vertreten durch Ashbee und Baillie Scott, ausschlaggebend für die Gründung der Darmstädter Künstlerkolonie waren."

1918, nach dem Ersten Weltkrieg, war Ernst Ludwig kein Großherzog mehr. Dennoch stellte ihm der Volksstaat Hessen das Neue Palais als Privateigentum zur Verfügung. Als der Großherzog im Oktober 1937 starb, wurde er dort auch aufgebahrt. Nach seinem Tod galt das Palais als kulturelle Institution. Der sogenannte „Goldene Saal" diente als würdiges Trauzimmer des Standesamts. Während des Zweiten Weltkriegs, 1942, ging das Gebäude in den Besitz der Stadt über. Der „Weiße Saal" stand den beiden städtischen Musikschulen für Konzerte zur Verfügung. Teile des Gebäudes waren von 1940 bis 1944 Sitz der Darmstädter Geheimen Staatspolizei (Gestapo).

„Nachdem das Palais am 11. September 1944 zerstört wurde, stand die Ruine noch rund zehn Jahre", erklärt Marjam Schellhaas. „Im Gegensatz etwa zum Alten Theater am Karolinenplatz – oder dem unmittelbaren Nachbarn des Palais, der Ludwigskirche – konnte sich niemand erfolgreich dafür einsetzen, das Gebäude wiederaufzubauen." Zwar gab es etwa die Idee, eine Konzerthalle zu errichten, die im Äußeren dem Palais entsprach, jedoch eine gänzlich andere Raumaufteilung vorsah – doch sie wurde nie verwirklicht. 1955 wurde die Ruine schließlich abgerissen.

„Nachdem das Palais am 11. September 1944 zerstört wurde, stand die Ruine noch rund zehn Jahre."

Ein paar Spuren des Neuen Palais finden sich noch, etwa ein Seitentor des Zauns in der Darmstädter Orangerie. Ein weiteres Tor lagert im Darmstädter Bauhof. Und tatsächlich finden sich Spuren des Neuen Palais in – Mainz! Der seinerzeit dort ansässige Bildhauer Valentin Barth (1837-1920) fertigte unter anderem die Puttenfiguren, die die Fensterrahmen des Neuen Palais außen verzierten. Sie waren im sogenannten Zementgussverfahren hergestellt. Das Besondere daran: Die Gussform konnte mehrmals verwendet werden. Barth hatte sein Atelier in der Mainzer Goldbrunnenstraße 10. 1989 kaufte das Mainzer Ehepaar Brigitte und Jürgen Kotzur das verfallene Gebäude im Hinterhof und restaurierte es in mühevollster Kleinarbeit. „An der Außenwand des Ateliers befinden sich eben jene Putten, die seinerzeit auch das Neue Palais verzierten", strahlt Marjam Schellhaas.

Als das 1972 eingeweihte Staatstheater und davor der Platz über der Tiefgarage errichtet wurden, waren auch die letzten Spuren des Palais an diesem Ort getilgt. „Denn mit der Benennung als Georg-Büchner-Platz erinnert noch nicht einmal mehr ein Name an das ehemals prunkvolle Gebäude", bedauert die Darmstädterin – mag sich damit jedoch nicht abfinden: „Es ist noch nicht in trockenen Tüchern, aber gemeinsam mit ein paar Mitstreitern wollen wir ein Bronzemodell errichten lassen, das den Darmstädtern ihren ehemaligen Regierungssitz und die Wiege des Darmstädter Jugendstils in Erinnerung ruft."

„Mit der Benennung als Georg-Büchner-Platz erinnert noch nicht einmal mehr ein Name an das ehemals prunkvolle Gebäude."

Michael Kibler

Hier stand das Neue Palais:

Es befand sich genau dort, wo sich heute der Georg-Büchner-Platz erstreckt.

Das DSW-Vereinsheim nebst Gaststätte am Woog war früher ein beliebter Treffpunkt.

Vereinsheim am Woog

Sommer, Sonne, Brausestäbchen

Viele, viele Stunden hat Berit Schmidt-Villnow schon am Woog verbracht. Oder besser: darin. Schöne Stunden. Der Woog, das ist ein Lieblingsort der Darmstädterin, mit dem sie seit der frühen Kindheit verbunden ist, 1960 hier geboren und im Spessartring aufgewachsen. „Und von da war es zum Woog ja nicht weit." Der Woog – Darmstadts Kleinod am Ostrand der Innenstadt, die Heiner lieben ihn. „Wer hat schon einen Naturbadesee mitten in der Stadt?", fragt auch Berit Schmidt-Villnow begeistert. „Ein Besuch dort ist wie ein Tag Urlaub", findet sie und spricht damit wohl

Im beliebten Café Woog geht es heute auch wieder ausgesprochen gesellig zu.

tausenden Darmstädtern aus dem Herzen. Das sei aber auch irgendwie, betont sie gleich darauf, eine kleine Wiedergutmachung. Denn schließlich ist Darmstadt eine der wenigen Großstädte in Deutschland, die nicht an einem Fluss liegen.

Mit der Familie – sie hat zwei Schwestern und zwei Brüder – hielt sich Berit Schmidt-Villnow in ihrer Kindheit jedenfalls gern auf der Insel auf. Von dort hatten die Badegäste einen guten Blick auf das DSW-Vereinsheim nebst Gaststätte am westlichen Rand des Sees, früher beliebter Treffpunkt für viele Darmstädter. „Meine Schwester war dort mal Schnitzel essen", erinnert sie sich, „ihr hat's geschmeckt." Auch Karten spielten die Gäste des Vereinsheim dort regelmäßig. Die Fotos der Anlage stammen vom Großvater ihres Mannes, Wilhelm Schuchmann, Lehrer in Darmstadt. Als die Darmstädter Künstlerin sie in einer Schachtel entdeckte, war die Freude über die kostbaren Erinnerungsstücke groß. Doch irgendwann war Schluss mit dem Vereinsheim. „Ich hab' schon immer gedacht, Mensch, aus dem Gebäude müsste man doch ein Café machen“, erzählt sie. Und das ist tatsächlich passiert: Das denkmalgeschützte ehemalige Vereinsheim des „Darmstädter Schwimmclubs“ ist komplett umgebaut worden und nicht mehr wiederzuerkennen. Im Mai 2013 wurde es als Café-Restaurant „Woog“ eröffnet. Seitdem ist es wieder ein beliebter Treffpunkt, ist doch die Aussicht aus den bodentiefen, zum See hin gerichteten Fenstern eine wahre Freude. Die maritime Inneneinrichtung erinnert an den Aufenthalt auf einem Schiff: zusätzlich runde Fenster wie Bullaugen, an der Wand befestigte Ruder, hinter der Theke hängt eine Schiffsschraube an der Wand, alles in allem ein Ort zum Wohlfühlen.

Als Kind war Berit Schmidt-Villnow der Woog ein wenig unheimlich, gibt sie zu: „Man kann in dem See den Grund ja nicht sehen.“ Dennoch hat sie dort ihren Fahrtenschwimmer gemacht. „Da musste ich 30 Minuten neben einem Ruderboot herschwimmen und vom Drei-Meter-Brett springen.“ Ganz schön aufregend damals für das Kind. Gern erinnert sie sich freilich auch an den Kiosk. Den gibt es heute zwar auch noch, doch hat sich im Laufe der Jahrzehnte viel verändert. „In den 1960er-Jahren gab es dort Capri-Eis für 30 Pfennig!“ Auch kleine süße Tüten waren im Angebot. Berit Schmidt-Villnow erinnert sich vor allem an die Brausestäbchen. Ab und an gönnten sich die Geschwister von ihrem Taschengeld ein „Zuckertütchen“. „Das war etwas ganz Besonderes für uns.“

In den Jahren darauf geriet der Woog bei der Bildhauerin zunehmend in Vergessenheit, doch nach der Geburt ihrer eigenen Kinder hat sie ihn wiederentdeckt. „Ich liebe den Woog“, sagt sie. Heutzutage hält sie sich vor allem im Familienbad gerne auf. „Großartig, wie das restauriert wurde!“

Woog ist übrigens nicht einfach der Eigenname des Darmstädter Sees. Als „Woog“ bezeichnet man vor allem in Südwestdeutschland grundsätzlich ein stehendes Gewässer.

Der Darmstädter Woog wurde Mitte des 16. Jahrhunderts wahrscheinlich als Löschteich angelegt, diente laut *Stadtlexikon* aber auch als Fischteich sowie dazu, den gleichmäßigen Zufluss für die Mühlen zu gewährleisten, die sich weiter unten befanden. Zur Speisung des Großen Woogs wurde vom Darmbach ein Abstich vorgenommen. Beide Arme vereinigten sich unterhalb des Woogs wieder und flossen durch den Kleinen Woog – heute Woogsplatz – in die Stadt. Der Kleine Woog wurde 1861 zugeschüttet, der Bach kanalisiert. 1828 richtete die Stadtverwaltung das erste öffentliche Bad im Großen Woog ein. Zuvor war Baden im See verpönt.

1935 ging der Woog in das Eigentum der Stadt über, die daraufhin eine moderne Wettkampfanlage baute. 1938 wurden dort die deutschen Schwimmmeisterschaften veranstaltet. Das Gesamtensemble, bestehend aus „Familienbad" und „Insel", steht heute unter Denkmalschutz. Das Funktionsgebäude auf der Familienbadseite wurde nach dem Vorbild des 1927/28 entstandenen „Frauenbades" neu erbaut und 1994 eröffnet.

Berit Schmidt-Villnow hat übrigens auch winterliche Erinnerungen an „ihren" Woog: Als der See im Jahr 2012 zugefroren war und die Stadt ihn, was äußerst selten vorkommt, zum Betreten freigegeben hatte, da machte sie sich gleich auf den Weg. „Ich hab' in der Stadt spontan Schlittschuhe gekauft, wahrscheinlich habe ich die letzten ergattert, die es noch gab", erinnert sie sich lachend. „Und dann bin ich sofort aufs Eis." Als Kinder sind die Geschwister im Winter öfter dort Schlittschuh gelaufen.

Und auch später ist Familie Schmidt-Villnow dem Woog treu geblieben. So hat Ehemann Rolf Schmidt 1984 am ersten „Heinerfest-Triathlon" teilgenommen. „Mein Mann war unter den acht Sportlern, die ihn zehn Mal in Folge bewältigten, und bekam dafür 1993 ein Sweatshirt mit dem Aufdruck ‚Iron Heiner' darauf."

Kerstin Schumacher

Hier befand sich das Vereinsheim am Woog:

Der Woog liegt östlich der City. Das ehemalige Vereinsheim, heute das Café Woog, hat die Adresse Beckstraße 44.

Der Großherzogliche Marstall stand dort, wo sich heute das neue Justizgebäude in der Wilhelminenstraße befindet.

Marstall

Der Pferdestall des Großherzogs

Joachim Becker ist Vorsitzender Richter am Landgericht Darmstadt. Daher ist er immer wieder im Neubau des Landgerichts in der Wilhelminenstraße am Mathildenplatz unterwegs. Auch wenn für alle Berufsgruppen der Juristerei in der Berufsbeschreibung „Selbstbeherrschung" als wichtige Fähigkeit gilt, gehen natürlich auch ihnen ab und an mal die Gäule durch. „Vielleicht liegt das auch daran, dass das Gebäude des Landgerichts an der Westseite des Mathildenplatzes ursprünglich einmal Pferde beherbergte", bemerkt Richter Becker schmunzelnd.

Das neue Justizgebäude präsentiert sich schlicht und modern.

Natürlich meint er nicht das Gebäude von heute, sondern jenes, das noch Jahre nach dem Zweiten Weltkrieg zumindest in Ruinen dort stand: der einstmals großherzogliche Marstall. Das Wort „Marstall" leitet sich vom althochdeutschen *marahstal* ab, zusammengesetzt aus *marah* für Pferd oder Mähre und *stal* für Stall. Ursprünglich war der Begriff eine Bezeichnung für den Pferdestall eines Fürsten. Und das trifft es für Darmstadt ziemlich gut.

„Der erste Marstall Darmstadts lag in der Straße *Birngarten*, der heutigen Alexanderstraße", weiß Joachim Becker. Nachdem die Suite für Pferde zu klein geworden war, zog der Marstall 1796 in die Zeughausstraße, an der Ecke zum Friedensplatz. Joachim Becker erklärt: „Das Haus steht heute noch und beherbergt das Hessische Baumanagement." Doch wie so viele Institutionen bedurfte dieser Marstall mit der Zeit einer räumlichen Erweiterung. Daher ließ der Großherzog 1821 am heutigen Mathildenplatz einen neuen Marstall bauen, eben dort, wo jetzt das Gericht tagt.

Auch wenn es nach dem Ersten Weltkrieg keine Großherzöge mehr gab, die für den Kampf im Felde und ihr privates Vergnügen Pferde hielten, so zog am dortigen Standort das Hessische Landgestüt ein und bot Zuchthengsten ein Dach über dem Kopf. In der Decksaison wurden sie zu im Land verteilten Deckstationen gebracht und sorgten für hochwertigen Pferdenachwuchs.

Am 11. September 1944 ging – wie so viele Gebäude in Darmstadt – auch der Marstall unter britischen Bomben in Flammen auf. Zum Glück hatte der damalige Gestütsleiter das Drama kommen sehen und die wertvollen Hengste in den Wochen zuvor bereits auf mehrere Außenstellen des Landes verteilt. Nur zwei Pferde mussten in der Brandnacht ihr Leben lassen – von seinerzeit ungefähr 125 Tieren.

Joachim Becker spricht Recht – und interessiert sich für die Geschichte der Darmstädter Justizbauten.

Über den gesamten Zeitraum an ihrem Standort war die Pferdeherberge ein eher ungeliebter Nachbar des unmittelbar westlich davon gelegenen Darmstädter Hospitals. Es war 1808 – nur wenige Jahre vor dem Stall – errichtet worden. „Über die Jahrzehnte hinweg beklagte man sich dort über Geruch und Fliegenplage", weiß Joachim Becker zu berichten. Die Stadt baute somit nach 1944 den ehemaligen Marstall am ursprünglichen Ort nicht mehr auf, sondern errichtete Anfang der fünfziger Jahre eine komplett neue Anlage am heutigen Kavalleriesand.

Wo einstmals der Marstall angesiedelt war, wurde einige Jahre nach dem Zweiten Weltkrieg das Gelände eingeebnet und die Materialprüfungsanstalt gebaut. Die Bauten des Prüflabors waren im Süden und im Osten von Parkplätzen gesäumt. 2003 wurden auf ihrem Terrain schließlich die neuesten

Gebäude errichtet: Abteilungen des Amts- und Landgerichts sowie die Staatsanwaltschaft zogen ein und öffneten 2006 offiziell ihre Tore.

Beim Bau des neuen Gerichtsgebäudes hat Darmstadt auch die Außenwirkung von Justitia im Blick gehabt. „Die sogenannte *Arkade der Grundrechte* zieht sich an der Ostseite von Norden nach Süden", erklärt Joachim Becker und freut sich sichtlich. Dann erklärt er: „An den tragenden Pfeilern des Gebäudeüberhangs über dem Fußgängerweg ist eine Auswahl von 21 Artikeln des Grundgesetzes auf Tafeln abgedruckt." Der Clou erschließt sich jedoch erst beim Blick nach oben. Zu jedem dieser Artikel ist ein vier Quadratmeter großes Schwarzweiß-Foto in der Decke eingelassen, das ihn auf künstlerische Art und Weise unterstreicht oder interpretiert. Die Aufnahmen hat der Darmstädter Fotograf Mirko Krizanovic beigesteuert. Seine Visualisierung des Artikels 12 beispielsweise, der die Berufsfreiheit garantiert, ist ein Bauarbeiter, der den Hammer schwingt. Und natürlich gibt es auch echte Darmstädter Bezüge: Die Vereinigungs- und Koalitionsfreiheit, gesichert durch Artikel 9 des Grundgesetzes, unterstreichen fotografisch die Darmstädter „Schlammbeißer", ein Traditionsverein, dessen Mitglieder bevorzugt im Badesee Woog schwimmen.

„Seien wir mal ehrlich – dass direkt in der Nachbarschaft des Krankenhauses kein Pferdestall mehr steht, darüber sind sicher alle Patienten, Ärzte und Pfleger im Krankenhaus glücklich", sagt Richter Joachim Becker. „Aber dass an einem Gerichtsgebäude die Grundrechte benannt und auch visualisiert werden – das ist schon was Besonderes. Und da hat Darmstadt etwas wirklich Gutes gemacht."

Michael Kibler

Hier befand sich der Marstall:

Er füllte das Rechteck zwischen Wilhelminen-, Bleich-, Grafen- und Gustav-Lorenz-Straße aus.

Völlig zerstört wurde das stattliche Schulgebäude in der Brandnacht am 11. September 1944.

Ohlyschule

Ein Ende in Trümmern

Lange schon ist Heinz Krapp nicht mehr Schüler der Ohlyschule. Nur wenige Monate besuchte er als Bub dort den Unterricht, vielleicht nicht mal ein halbes Jahr. „Ganz genau weiß ich das nicht mehr“, sagt der Darmstädter. 1939, als Zehnjähriger, wechselte Krapp von der Schillerschule im Martinsviertel – damals Volks- und heute noch Grundschule – auf die Ohlyschule, deren stattliches Gebäude sich in der Friedrichstraße befand.

Gegründet wurde die Ohlyschule als Knabenmittelschule I. Sie sollte, so formulierte es der damalige Schulrath Dr. Fridolin Wagner

Statt der Ohlyschule erstrecken sich heute Gebäude des Klinikums Darmstadt entlang der Friedrichstraße.

in einem Artikel im *Darmstädter Tagblatt* vom 29. August 1874, einerseits ihren Schülern eine höhere Bildung zu geben versuchen als dies in den Volksschulen geschieht. Andererseits aber auch die Bedürfnisse des gewerblichen Lebens und des sogenannten Mittelstandes in größerem Umfang berücksichtigen, „als dies in höheren Lehranstalten regelmäßig der Fall sein kann". In den Lehrplan fand Unterricht in der französischen Sprache Eingang. Auch dem Unterrichtsfach Zeichnen sollte eine besondere Aufmerksamkeit geschenkt werden. Die schulische Grundbildung, so die Idee, sollte weiter in den Volksschulen vermittelt werden, die Mittelschule anfangs Kindern vom achten bis zum 14. Lebensjahr als Unterrichtsort vorbehalten bleiben.

Im Stadtarchiv sind heute einzelne Zeugnishefte vorhanden, aber auch Register. Erfasst wurden darin die Namen der Schüler, ihre Religion, Namen und Stand der Eltern, Geburtstag und früher besuchte Lehranstalten. Später kamen auch Noten hinzu. Außerdem gab es eine Spalte für „besondere Bemerkungen". Doch wie viel man davon heute noch entziffern kann, hängt vor allem von der Handschrift des jeweiligen Lehrers ab. Manche Einträge sind in Sütterlin verfasst, verblasst und kaum noch lesbar.

Erhalten ist außerdem eine Mappe mit Druckschriften, die 1953 bei der Enttrümmerung der Ruine im Grundstein zum Vorschein kamen – die Schule wurde im Zweiten Weltkrieg zerstört, doch dazu später mehr. Auch der originale Auftragsbogen für die Errichtung der Schule ist unversehrt. Das Gebäude entwarf Stadtbaumeister Eduard Hechler. Selbiger zeichnete auch für die Ausführung der Bauarbeiten verantwortlich, er leistete deshalb auch die Unterschrift auf dem Auftragsbogen. Aus dem Dokument wird ersichtlich, wie viele unterschiedliche Gewerke für den Bau eines Hauses nötig waren: Maurer, Steinhauer, Zimmerer, Dachdecker, Schreiner, Schlosser, Glaser, Weißbinder, Spengler sowie Meister der Pflaster- und Brunnenarbeiten. 123.700 Gulden kostete die Errichtung der neuen Schule. Vergeben wurden die Aufgaben dem Dokument zufolge schon am 25. Januar 1873. Freilich mussten auch Kanal- und Straßenarbeiten erledigt werden. Nur wenige Tage später, am 4. Februar 1873, begannen die Bauarbeiter mit dem Ausheben der Baugrube. Und was in den Grundstein gelegt wurde, hat Eduard Hechler auch notiert: Zehn Pläne von dem Gebäude, sechs Tageblätter, ein Stadtplan und ein Adressbuch.

Auf einem alten Stadtplan ist die Ohlyschule an der Friedrichstraße / Ecke Fuchsstraße noch eingezeichnet. Ihr gegenüber befand sich die Synagoge.

Kurz darauf begann der Schulbetrieb in der Ohlyschule, benannt nach dem ersten hauptamtlichen Bürgermeister Darmstadts, Albrecht Ohly (1829-1891). Die ersten Schüler der neuen Lehranstalt waren die 1863 Geborenen. In einer *Tagblatt*-Anzeige vom 5. September 1874 suchte die Großherzogliche Bürgermeisterei Darmstadt einen Schuldiener für die Ohlyschule.

Das war freilich lange vor Krapps Zeit in der Einrichtung, an die er sich noch ganz gut erinnern kann. „Jeden Morgen mussten wir im Hof antreten", berichtet der ehemalige Schüler. Denn vor dem Unterricht mussten die Knaben ihrem Rektor Schneider zuhören, der ihnen „Worte des Führers" verlas. Erst danach durfte der Unterricht beginnen. Doch das währte, wie gesagt, nur wenige Monate, denn nach Beginn des Zweiten Weltkrieges 1939 wurde die Ohlyschule kurzerhand in ein Lazarett umfunktioniert. Die Schüler hatten somit keine Klassenräume mehr und mussten auf andere Bildungsstätten ausweichen. „Wir sind in der Folge von Gebäude zu Gebäude gewandert", erzählt der heutige Eberstädter. Zu Gast waren die Buben zum Beispiel in der Eleonoren- und in der Diesterwegschule, sie bekamen auch Unterschlupf in der Ingenieurschule. Allein zu Krapps Klasse gehörten 45 Schüler.

Heinz Krapp war einst Schüler der Ohlyschule. Das Gebäude wurde im Zweiten Weltkrieg zerstört.

„Unsere Endstation war das Café Henn in der Villenkolonie." Das Glück, in einer Schule oder eben in den Räumen des Cafés unterrichtet zu werden, hatte im Krieg nicht jeder Junge. Krapps Schuljahrgang umfasst auch jene, die 1928 geboren wurden. „Und die wurden noch eingezogen als Luftwaffenhelfer!" Die betroffenen Jungen wurden unter anderem auf die verschiedenen Flak-Stellungen verteilt, wo sie dann Mathematik, Deutsch & Co. büffelten. Der jüngere Heinz

Krapp und seine Klassenkameraden haben die Mittelschule schließlich im Café Henn beendet. Dort bekamen die einstigen Ohlyschüler 1945 sogar ihre Abschlusszeugnisse zur Bestätigung der Mittleren Reife. „Mein Zeugnis datiert auf den 25. März 1945, das ist exakt der Tag des Einmarschs der Amerikaner.“ Ein paar Tage später konnte Krapp das Dokument stolz in den Händen halten. Keine Selbstverständlichkeit in den Wirren des Kriegsendes. „Aber dafür hatten sich die Lehrer eingesetzt.“

Prächtig war sie einst, die Liberale Synagoge. Errichtet wurde sie von 1873 bis 1876; eingeweiht im Februar 1876 und zerstört beim Novemberpogrom im Jahr 1938.

Zu dem Zeitpunkt lag die Ohlyschule schon längst in Trümmern. Wie gut, dass die Kinder früh ausgezogen waren, denn in der Brandnacht vom 11. September 1944 wurde das Gebäude komplett zerstört. Die 234 Flugzeuge der britischen Royal Air Force warfen 230 Sprengbomben und 286.000 Brandbomben auf Darmstadt ab, das genügte, um einen Großteil der Innenstadt zu zerstören. Rund 10.000 Menschen starben. Die Piloten sahen den Feuersturm, den sie entfacht hatten, auf dem Rückflug noch aus 170 Meilen (315 Kilometer) Entfernung.

Heinz Krapp, der mit seiner Familie damals im Rhönring wohnte, war in der verhängnisvollen Nacht gar nicht zuhause, da er wie viele Darmstädter Jugendliche zum Panzergrabeneinsatz im Saarland am Westwall eingesetzt wurde. Von der Zerstörung der Ohlyschule und der restlichen Stadt hatte er zunächst nichts mitbekommen. Und auch ansonsten hatte die Familie von Heinz Krapp Glück: Ihr Wohnblock am Rhönring blieb trotz Brandbombeneinschlägen verschont.

Die Stadt aber war nach diesem Angriff tief verwundet und zerstört. Die Ohlyschule – oder das, was von ihr übrig war, hat Heinz Krapp danach nicht wieder aufgesucht.

Auf dem Gelände, auf dem das Schulhaus einst stand, befinden sich heute Gebäude des städtischen Klinikums. Früher hatte die Bildungseinrichtung ein prominentes Gegenüber: Die Liberale Synagoge. Das 24 Meter hohe, am 23. Februar 1876 eingeweihte Gotteshaus überragte damals die meisten Darmstädter Gebäude und war auch vom Langen Ludwig aus gut zu erkennen. Allerdings wurde sie in der Reichspogromnacht vom 9. auf den 10. November 1938 zerstört. Heute erinnert der Julius-Landsberger-Platz auf dem Klinikum-Gelände an den Brand und die Sprengung des sakralen Gebäudes durch die Nationalsozialisten.

„Mein Zeugnis datiert auf den 25. März 1945, das ist exakt der Tag des Einmarschs der Amerikaner."

Die Ohlyschule und die Liberale Synagoge: Zwei prächtige Gebäude, die sich gegenüberstanden, zwei Gebäude, die jeweils blinde Zerstörungswut erfahren haben, kurz vor Beginn des Krieges und gegen dessen Ende.

Kerstin Schumacher

Hier stand die Ohlyschule:

Das Schulgebäude befand sich an der Friedrichstraße.

Darmstadt, Nabel der Flugwelt: Zumindest war das die Stadt für rund neun Jahre, als dort Flieger der Lufthansa landeten und abhoben.

Flughafen

„Über den Wolken"

„Über den Wolken muss die Freiheit wohl grenzenlos sein", sang Reinhard Mey zum ersten Mal im Jahr 1974. Einige Darmstädter mit Fernweh erinnern sich sicher an das Lied, wenn sie die Flieger sehen, die vom Flughafen Frankfurt in die Welt hinaus starten und dabei kurz das Darmstädter Himmelsblau berühren. „Dabei gab es auch in Darmstadt durchaus Zeiten, in denen man Flugmaschinen am Boden sehen konnte – nach einer Landung oder vor einem Start", sagt Ralf Kopp. Der Darmstädter Fotograf, Videoprofi und Künstler beschäftigt sich schon lange mit der

Heute ist der einstige Flughafen ein Ort der Bildung: Dort steht das Georg-Büchner-Gymnasium.

Geschichte der Stadt – und insbesondere mit deren Fluggeräten. Wenn er über die Lichtwiese streift, hat er daher einen ganz anderen Blick auf das Grün als andere Heiner. „Ungefähr da, wo heute die Turnhalle des Georg-Büchner-Gymnasiums steht, befand sich einst die Flughalle des Darmstädter Flugplatzes“, berichtet er. Dieser Flughafen erstreckte sich über die heutige Lichtwiese, damals „Flugwiese“ genannt. Eröffnet wurde dieser Flugplatz 1924.

„Aber das war eigentlich der zweite Flugplatz im Darmstädter Umland“, weiß Kopp. Am sogenannten „Griesheimer Sand“ westlich der Stadt hatte der Flugpionier August Euler (1868-1957) bereits 1908 seine ersten Gleitflüge geplant. Wenig später pachtete er einen Teil des Geländes als Flugplatz- und Fabrikgelände. Ab 1912 entstanden dort Flugzeughallen, Werkstätten und Kasernen. Auch eine Fliegerstation der Preußischen Armee wurde hier eingerichtet. Das Gelände am Griesheimer Sand war nach dem Ersten Weltkrieg von 1918 bis zum Frühjahr 1930 von französischen Truppen besetzt. Als diese abzogen, wurde der Flugplatz neu hergerichtet und „Flughafen Darmstadt" genannt, auf dem im August 1930 das Luftschiff „Graf Zeppelin" landete.

Schon während des Ersten Weltkriegs war der Luftschiffhafen im nordwestlich von Darmstadt gelegenen Weiterstadt ein wichtiger Stützpunkt für Luftschiffe zur Verwendung als Aufklärer und Bomber über England. Zahlreiche prominente Luftschiffe wie etwa die LZ 44 „Graf Zeppelin", später unter militärischer Leitung mit dem Namen LZ 74 versehen, hatte dort zeitweilig ihren Standort. Nach dem Ende des Ersten Weltkriegs wurde die Halle aufgrund des Versailler Vertrags – der unter anderem den Bau von Flugzeugen verbot – meistbietend verkauft und bis Mai 1921 demontiert. „Der Verkehrslandeplatz Darmstadt-Lichtwiese hingegen wurde erst im Jahr 1924 eröffnet", sagt Ralf Kopp. Und ein Jahr später nahm das Forschungsinstitut für Segelflug der Rhön-Rossitten-Gesellschaft seine Arbeit auf. Bedeutung erlangte der Flughafen allerdings erst, als im April 1926 von niemand Geringerem als der Deutschen Lufthansa eine Flugstrecke eröffnet wurde. Die Gründung der Lufthansa selbst datiert auf dasselbe Jahr. Zu Beginn bediente die Gesellschaft acht Linien. Eine von ihnen war die regelmäßige Fluglinie über Darmstadt, Mannheim nach München. Geflogen wurde mit einer „Junkers F 13". Sie beförderte immerhin vier Passagiere in vier Stunden für 75 Reichsmark. Die Junkers F 13 flog damals technologisch absolut auf dem Höhepunkt der Zeit. 1919 ent-

Videoprofi und Künstler Ralf Kopp zieht es immer wieder in die Ferne – weshalb er sich auch für die Darmstädter Fluggeschichte interessiert.

wickelt, war sie das erste Ganzmetallflugzeug der zivilen Luftfahrt. Bis 1932 wurden etwa 320 Maschinen gebaut. „Zwei bis drei Strecken bedienten jeden Tag den Flughafen", sagt Ralf Kopp. Von Darmstadt aus waren so mit Umsteigen Ziele wie Amsterdam, Zürich oder Paris erreichbar. Auch Flugvereine nutzten das Gelände, außerdem wurden hier neue Flugzeugkonstruktionen getestet. 1933 war der Flugplatz, wenn nicht Filmstar, so doch zumindest Komparse in der frühzeitigen Science-Fiction Komödie *Ein Unsichtbarer geht durch die Stadt*. Darin spielte sogar der noch heute wohlbekannte Theo Lingen (1903-1978) mit.

Aber die Karriere des Flugplatzes währte nicht lange. Der Luftverkehr nahm zu und leistungsstärkere Flugzeuge machten Zwischenlandungen in Darmstadt überflüssig. Bereits der Sommerflugplan der Lufthansa von 1934 wies nur noch eine Flugstrecke zwischen Frankfurt und Mannheim über Darmstadt aus, im darauffolgenden Winter war der Traum vom zivilen Luftknotenpunkt ausgeträumt. Zu Beginn des Zweiten Weltkriegs wurde die Lichtwiese als Ersatzfeldflugplatz noch einmal neu hergerichtet, kam aber nicht mehr zum Einsatz. Lediglich eine Flakstellung wehrte feindliche Flugzeuge ab – am 11. September 1944 jedoch erfolglos.

„Ich finde die Geschichte des Flughafens Darmstadt sehr interessant. Aber so richtig traurig, dass heute die großen Verkehrsflieger nicht mitten in der Stadt abheben und landen, bin ich auch nicht", schmunzelt Ralf Kopp.

Michael Kibler

Hier lag Darmstadts Flughafen:

Er zog sich über den heutigen Park Lichtwiese. Das Hauptgebäude stand etwa da, wo heute die Turnhalle des Georg-Büchner-Gymnasiums steht. Postadresse: Nieder-Ramstädter Str. 120.

So groß war noch 1915 die Anlage auf der Ludwigshöhe. Das kann man sich heute kaum noch vorstellen.

Restaurantkomplex

Ein Ballsaal auf der Ludwigshöhe

Gläser klirren, Gelächter klingt durch den Wald, Musik sorgt für Stimmung. Die Kurgäste auf der Ludwigshöhe lassen es sich gut gehen, für sie ist der Aufenthalt dort etwas ganz Besonderes. Ein Kurhotel auf der Ludwigshöhe? Die Zeiten sind freilich lange vorbei. Wie's früher war, weiß Thomas Deuster ganz genau. Für ihn war dieser Ort schon immer ein Highlight. Schließlich ist der Bessunger Hausberg samt Ludwigsturm das Wahrzeichen seiner Heimat. In seiner Kindheit, Ende der 1970er-Jahre, gehörten Spaziergänge und Wanderungen rund um die Ludwigshöhe zum regel-

Dieses Foto ist zugegebenermaßen nicht ganz aktuell: Im Sommer 2021 wird die Anlage auf der Ludwigshöhe instand gesetzt und ist eingerüstet.

mäßigen Programm der Familie. Kein Wunder also, dass sich der gebürtige Bessunger auf dem 242 Meter hoch gelegenen Areal bestens auskennt. Auch Führungen hat Deuster dort schon gegeben – und die Teilnehmer mit einem Fakt ganz schön verblüfft. Denn was heute kaum noch einer weiß: „Auf der Ludwigshöhe stand früher ein Hotel mit Ballsaal", beginnt Deuster die Geschichte des beliebten Ausflugszieles zu erzählen. „Der Gebäudekomplex war riesig. Das können sich die Leute gar nicht mehr vorstellen."

In der Tat: Riesige Häuser auf der Ludwigshöhe? Aus heutiger Sicht braucht es dafür jede Menge Fantasie, so idyllisch wie der von Wald umschlossene Ort sich darstellt. Aber das Hotel stand da und erfreute sich viele Jahre lang großer Beliebtheit. Bis die Wehrmacht es am 19. März 1945 zerstörte. Doch der Reihe nach.

Das Ausflugsziel hält mit seinem fantastischen Aussichtspunkt eine über 200 Jahre dauernde Geschichte bereit, die im frühen 19. Jahrhundert beginnt. 1816, beziehungsweise 1818, wird die Ludwigshöhe in voneinander unabhängig überlieferten Erzählungen als „reizender Ort“ beschrieben, der durchaus einen Besuch wert sei. „Schon früh gab es dort oben einen Ausschank, an dem sich die Gäste versorgen konnten“, erzählt Thomas Deuster. Dieser wird 1838 ausgebaut und vergrößert, nachdem der damalige Wirt Christoph Faust die Genehmigung erhalten hat, bei guter Witterung Speis‘ und Trank auf der Ludwigshöhe anzubieten. Das spricht sich flink herum, der Bessunger Hausberg wird immer beliebter. Längst tummeln sich dort nicht mehr nur Darmstädter, sondern auch Ausflügler aus den Nachbargemeinden. Eingang findet die Ludwigshöhe sogar im *Datterich*, der bekannten Darmstädter Lokalposse des Dichters Ernst Elias Niebergall (1815-1843). Dort heißt es in einer Unterhaltung zwischen Datterich und dem Drehergesellen Schmidt: „Kenne-Se de Faust?“, worauf der Drehergeselle antwortet: „Von de Ludwigsheh?“ – „Nee, den von Gethe“, erwidert der Datterich.

Thomas Deuster hat schon viele Führungen auf der Ludwigshöhe gegeben.

Ein Aquarell des Darmstädter Landschaftsmalers August Lucas (1803-1863) aus dem Jahr 1857 zeigt den schönen Blick von der Ludwigshöhe auf die – damals noch spärlich bebaute – Stadt Darmstadt. Das Panorama sieht heute freilich anders aus. „Man kann bis hinter Frankfurt schauen“, schwärmt Deuster. Bei klarer Sicht sieht man sogar Flugzeuge vom Frankfurter Flughafen starten und landen.

Doch zurück zur Historie dieses einzigartigen Ortes: Am 4. Juni 1852 erwirbt Jacob Frey – Nachfolger des Wirtes Christoph Faust – ein eigenes Grundstück auf der Ludwigshöhe und zudem einige in der Zwischenzeit entstandene Gebäude des Hofschauspielers Christian Bormuth. Das bebaute beziehungsweise bewirtschaftete Areal wird damit immer größer. Die Krönung des Ausflugsbergs aber folgt 1882: Die Ludwigshöhe erhält einen Aussichtsturm. 28 Meter hoch! „Die Besucher sollten in alle Richtungen schauen können", erklärt Deuster, Autor des Buches *Die Ludwigshöhe – der Bessunger Hausberg*. Zehn Pfennig soll das Erklimmen des Turms pro Person kosten. Errichten lässt ihn der damalige Darmstädter Verschönerungsverein, feierlich eingeweiht wird der „Ludwigs-Thurm", benannt nach Großherzog Ludwig IV. (1837-1892), im September.

In den Jahren darauf, bis 1884, werden die Bauten auf der Ludwigshöhe erneut vergrößert. Neben der Gaststätte entsteht das Kurhaus für Übernachtungsgäste. In späteren Zeiten dient dieses wiederum als Wohnung für den Wirt, dann nämlich, als die Gaststätte zum Hotel-Restaurant wird. „Das Kurhaus steht heute als einziges Überbleibsel des Komplexes noch an gleicher Stelle", erzählt Deuster. Doch es befindet sich in Privatbesitz und gibt keinerlei Hinweise auf seine einstige Funktion oder die Größe des Geländes.

Später entsteht dort noch ein Fremdenwohnheim, das viele Gäste beherbergen soll, sowie weitere An- und Umbauten. Doch 1898 brennt die Wirtschaftshalle ab, die Pension und ihre Gäste bleiben verschont. Der Schaden ist dennoch groß – ein Schock für die Pächterfamilie, die schon die Vergrößerung des Hotel-Restaurants geplant hat. Denn die Ludwigshöhe ist dermaßen gut besucht, dass die vorhandenen Räumlichkeiten bei schlechtem Wetter nicht ausreichen, um jedem Gast Schutz vor Regen und Wind zu bieten. „Namentlich haben unter diesem Umstand die Damen viel zu leiden und Klagen aus diesen Kreisen wurden oft schon laut", wie das *Darmstädter Tagblatt* in seiner Ausgabe vom 25.8.1897 berichtete.

Die Pläne werden trotz des Brandes verwirklicht. Um 1904 wird das neue, größere Hotel-Restaurant Ludwigshöhe errichtet, das sich nun auch Kurhotel nennt. Mehrere Wirtschaftsgebäude und Stallungen folgen. Zwei Jahre später entsteht der Musiktempel, 1907 schließlich folgt die Vergrößerung der an das Hotel angrenzenden Terrasse. Dies ist der Höhepunkt der Bebauung auf dem Bessunger Hausberg.

Dort werden nun auch Konzerte geboten, zudem locken Garten- und Sommerfeste Besucher in den Wald. „Die Eintrittspreise beliefen sich auf 25 Pfennig", hat Deuster herausgefunden. „Meistens wurden bei den abendlichen Konzerten die Ludwigshöhe illuminiert und der Turm bengalisch beleuchtet." Auch im Winter ist das Hotel gut besucht. „Die Ludwigshöhe mauserte sich zu einem kleinen Wintersportzentrum vor den Toren der Stadt inklusive Skisprungschanze und Bobbahn", erklärt der Hobby-Historiker. Im Februar 1909 verunglücken dort auf der Bobbahn während der Abfahrt drei Menschen tödlich.

Der letzte Pächter auf der Ludwigshöhe ist Wilhelm Wenz, der seit 1912 die Geschicke des Ausflugziels leitet. Der beliebte Bessunger bewirtet in den Folgejahren bei schönem Wetter bis zu 3.000 Gäste – rosige Zeiten, die mit Beginn des Zweiten Weltkriegs jäh enden. „In den Kriegsjahren änderte sich die Umgebung des Hotel-Restaurants entscheidend", sagt Thomas Deuster. Denn 1940 und 1941 werden hier mehr als 20 Baracken für Angehörige der Luftwaffe gebaut. Sie erfüllten unterschiedliche Funktionen: Wohnen, Baden und Waschen, Lager sowie Aborte. „Die Soldaten gehörten dem Luftwaffenstab ‚Mittelrhein' an, der auf der Ludwigshöhe einen Nachtjägerleitstand betrieb." Deckname: Dachs. Aufgabe dieser Einheit war die Flugsicherung der Deutschen Luftwaffe und die Beobachtung der von Westen herannahenden feindlichen Flugzeuge. Deuster hat recherchiert, dass der Hochbunker nie ganz fertig wurde: „Er ging 1942/43 in Teilbetrieb."

Die Luftwaffe mietet außerdem Zimmer im Hotel-Restaurant von Wilhelm Wenz. Bis Ende Februar zahlt das Militär dem Wirt 1.044 Reichsmark pro Monat. Zivile Besucher finden den Weg nach oben dagegen kaum noch. „Der Aussichtsberg wurde zur militärischen Sperrzone", erklärt Deuster das unromantische Ende dieser so mondänen Geschichte. Ab Herbst 1943 bis Anfang 1945 griffen die Alliierten die Anlage auf dem Bessunger Hausberg mit Tieffliegern an. Erfolglos.

Dennoch ist die Anlage verschwunden – allerdings nicht durch feindliche Angriffe. Auch in der Brandnacht vom 11. September 1944 ist der Ludwigshöhe nichts geschehen. „Ein Luftbild von Ende März 1945, das nach dem letzten Bombenangriff auf Darmstadt entstanden ist, zeigt einen intakten Gebäudekomplex", so Deuster. Die Zerstörung geht auf das Konto des deutschen Militärs selbst. „Man wollte nichts dem Feind überlassen", spielt der Darmstadt-Kenner auf Hitlers

„Nero-Befehl“ an. Der oberste Nationalsozialist befiehlt am 19. März 1945, als militärisch längst klar ist, dass Deutschland den Krieg nicht mehr wird gewinnen können, den auf dem Vormarsch befindlichen Alliierten nichts als verbrannte Erde zu hinterlassen.

Und so kam es. „Von dem großen Prachtbau war nichts weiter übrig als eine Ruine aus Schutt und ein paar Mauerreste“, bedauert Thomas Deuster. Und dann? Eine alte, unmittelbar östlich des Ludwigsturms gelegene Wehrmachtsbaracke diente ein paar Jahre als „Café Restaurant Ludwigshöhe“ – schloss jedoch in den 1960er-Jahren. Auch ein danach geplanter monumentaler Hotelneubau wurde nicht realisiert.

In den 1970er-Jahren gründet der einstige Stadtverordnete Ernst Bickel mit einigen Mitstreitern den Verein „Bürgeraktion Ludwigshöhe“. Aus diesem Verein geht 1997 die bis heute aktive Bürgeraktion Bessungen Ludwigshöhe hervor. Die Gründer wollen aus dem Trümmerfeld ein Ausflugsziel für jedermann schaffen – und dafür braucht es freilich eine neue Wirtschaft. Das ist schnell klar. Dank einiger Sponsoren geht es mit dem Aufbau auch voran. 1976 öffnet schließlich die kleine, aber feine „Ludwigsklause“ ihre Tore für hungrige und durstige Wandernde und Ausflügler. Von der einstigen Pracht ist nichts mehr erhalten, doch das Lokal über den Dächern Darmstadts erfreut sich großer Beliebtheit. Naturnah, im Grünen, mal ehrlich: Ein so riesiger Hotelkomplex wie früher, der hätte dort heute gar keinen Platz mehr.

Kerstin Schumacher

Hier stand der Restaurantkomplex:

Es gibt mehrere Möglichkeiten, die Ludwigshöhe zu erreichen, etwa ab dem Waldparkplatz am Polizeipräsidium. Von da aus ist es ein 15- bis 20-minütiger Fußmarsch auf den Bessunger Hausberg.

Das Café Oper lag in direkter Nachbarschaft zum ehemaligen Theater.

Café Oper

Wo sich einst die Künstler trafen

So ganz neu ist das „Karo 5“ nun auch nicht mehr. Benannt nach der Adresse am Karolinenplatz 5, direkt an der Ecke zur Alexanderstraße, ist dem zentralen Eingangsgebäude der Technischen Universität (TU) auf den ersten Blick nicht anzusehen, dass es jetzt bereits seit 2009 an Ort und Stelle steht. Das große, gläserne Bauwerk gibt sich licht, leicht und ansprechend. Insbesondere neben seinem nördlichen Partner, dem Welcome-Hotel. Beide sind fast zur gleichen Zeit wie das Kongresszentrum eingeweiht worden. Dies war auch architektonisch ein neues Zeichen für Darm-

Das Karo 5, das heute an der Stelle steht, gehört der Technischen Universität Darmstadt.

stadt, das über Jahrzehnte nicht über kongressgeeignete Bauten verfügte.

Yvonne Raftopoulo schaut auf das Karo 5 und sagt: „Hier standen schon einige andere Gebäude.“ Etwa der vorige Bau der TU, der aus heutiger Sicht bestimmt keinen Architekturpreis mehr gewonnen hätte. Einige Darmstädter mögen sich noch an die markante Treppenschleife vor der Terrasse erinnern.

Und davor? Da sind wir wieder bei der Brandnacht – dem 11. September 1944, an dem britische Bomber die gesamte Innenstadt Darmstadts in Schutt und Asche legten. Eines der Opfer: das Café Oper. Auch von ihm standen nur noch Grundmauern – ähnlich wie beim Schloss in unmittelbarer Nähe, ähnlich wie bei vielen weiteren Darmstädter Bauten. „Leider wurde das Café Oper nicht wiederaufgebaut“, bedauert das echte „Heinermädsche“ – also die in Darmstadt geborene – Yvonne Raftopoulo. „Ich habe das Café nie persönlich gesehen. Aber mein Vater hat viel davon erzählt.“

Wie kam das Café Oper eigentlich zu seinem Namen? „Es stand einfach neben dem Theater- und Opernhaus", zuckt Yvonne Raftopoulo mit den Schultern. Denn dort, wo heute das Hessische Staatsarchiv sein Zuhause hat, führten bis zur Brandnacht Orchester, Sänger und Schauspieler in stilvollem Ambiente ihre Opern und Theaterstücke auf. „Auch das Theater wurde ja im Krieg zerstört", sagt das Heinermädsche, „aber das hatte es 1871 schon einmal erlebt." Auch da brannte das Gebäude – ganz ohne Krieg, lediglich verursacht durch nicht gelöschte Gaslaternen – bis auf die Grundmauern nieder und wurde danach wiederaufgebaut. Heute wird das Theatergebäude als Archiv genutzt.

Yvonne Raftopoulo ist ein echtes „Heinermädsche". Sie liebt ihre Stadt – und auch deren Vergangenheit.

Das Café Oper war vor seiner Zerstörung eine Institution in Darmstadt. Ein Kaffee „Zucker Extra" kostete 40 Pfennige. Und den tranken unter anderen die Mitglieder der *Dachstube*, so schreibt es Karl Ewald im Buch *Erlebte Vergangenheit*. Die *Dachstube* war ein Blatt für Kunst und Literatur. Sie erschien von 1915 bis 1918. Ihre Mitglieder, zu denen auch der spätere Politiker Carlo Mierendorff (1897-1943) gehörte, trafen sich regelmäßig in dem Café. Letzterer gründete, nachdem er in der *Dachstube* schon Artikel veröffentlicht hatte, die Zeitschrift *Das Tribunal – Hessische Radikale Blätter*. Diese Zeitschrift war ganz klar darauf ausgerichtet, die Zukunft nach dem Ende des Ersten Weltkriegs gemeinsam zu gestalten – für ein geeintes geistiges Europa. „Ein schöner Gedanke, dass in diesem Café zwischen den Weltkriegen bereits an ein geeintes Europa gedacht wurde", findet Yvonne Raftopoulo.

Bekannt war das Café Oper dafür, stets darum bemüht zu sein, eine echt wienerische Kaffeehausatmosphäre zu schaffen. Etwa durch speckige, glänzende Sofas in den Nischen. Karl Ewald beschreibt: „Wienerisch war auch die Fülle der Zeitungen, die dem Besucher zur Verfügung stand. Da konnte man das *Berliner Tagblatt*, die *BZ am Mittag* und die *Vossische Zeitung* vom selben Tag lesen." Man war unter sich: Künstler, Philosophen und Literaten. In gediegenem Ambiente, den eigenen Gedanken nachhängend oder im Austausch mit anderen Gästen, ohne ständig vom Ober gestört zu werden. Doch, wie Ewald schreibt, wurde dieses kultivierte Idyll empfindlich gestört, als ein späterer Besitzer des Café Oper eine Kapelle engagierte, die „Mittagskonzerte gab und abends zum Tanz aufspielte. Da war es aus mit der individuellen Gemütlichkeit".

Und dennoch, trotz Tanzkapelle, „… was würde ich darum geben, in diesem Café einen Kaffee trinken zu können. Oder einen Cappuccino. Oder meinetwegen auch eine ‚Latte', wie das ja neudeutsch heißt." Doch leider wird Yvonne Raftopoulos Wunsch nicht in Erfüllung gehen. Selbst wenn das Karo 5 einen Kaffee im Foyer anbieten würde – es wäre nicht dasselbe.

Michael Kibler

Hier stand das Café Oper:

Es befand sich am Karolinenplatz 5, dort, wo heute das „Karo 5" der Technischen Universität steht.

Das Möbelhaus Tritsch & Heppenheimer war früher sehr beliebt.

Einrichtungshaus

Trümmerspielplatz und ein Unfall

Zwei Mal in seinem Leben hat Heinz Joachim Heuser mächtig Glück gehabt, zwei Mal ist er, das kann man schon so sagen, dem Tode knapp entronnen. Beide Ereignisse sind im Abstand von neun Jahren geschehen, als Heuser noch ein Kind war. Eins dieser Erlebnisse hängt mit der prominenten Ecke Elisabethenstraße/Wilhelminenstraße zusammen, wo sich viele Jahre lang der Textil- und Möbelfachmarkt Tritsch & Heppenheimer befand. Das andere ist eng mit der Brandnacht verknüpft – jener Nacht vom 11. auf den 12. September 1944, in der die

Der Neubau von Mengler wurde 1992 fertiggestellt.

Darmstädter den schlimmsten Luftangriff ihrer Geschichte erlebten. Mehr als 10.000 Menschen kamen durch den Angriff der Royal Air Force ums Leben, unzählige weitere wurden obdachlos, haben alles verloren. Und um ein Haar wären auch der kleine Heinz und seine Mutter inmitten des Bombenhagels gewesen. „Wir haben den Angriff nur um zwölf Stunden verpasst", erzählt Heuser immer noch erleichtert.

Und das kam so: Die Eltern von Heinz Joachim Heuser sind waschechte Darmstädter. Doch 1937, der Vater ist Soldat, werden Teile seines Regiments nach Sankt Wendel versetzt. Die Familie zieht also um und kommt fortan nur noch zu Besuch nach Darmstadt. Neben einigen Freunden und Bekannten wohnt auch Heusers Großmutter in einem Hinterhaus an der Moosbergstraße. „Und just an diesem Tag, am 11. September 1944, sind wir wieder abgereist", sagt Heuser, der zu dem Zeitpunkt ein kleiner Bub von drei Jahren war. Das Haus, in dem die Großmutter lebt, wird völlig ausgebombt – „aber sie hat es unverletzt rausgeschafft". Kurzerhand zieht die Oma zur Familie nach Sankt Wendel. In Darmstadt hat sie sonst niemanden mehr, ihr Mann war schon im Ersten Weltkrieg gefallen.

Bis Familie Heuser nach Darmstadt zurückkehrt, vergehen noch drei Jahre. „Am 18. Dezember 1947 sind wir wieder hergezogen." An das Datum erinnert er sich ganz genau. „Da lag wahnsinnig viel Schnee in Darmstadt." Die Heusers landen wieder in Bessungen, ziehen in ein Gebäude an der Heidelberger Straße gegenüber der Bessunger Turnhalle. „Das Haus war im Krieg nur zum Teil zerstört worden", erzählt Heuser, „mein Vater hat beim Aufbau mitgeholfen." Für den damals Sechsjährigen beginnt in Bessungen eine schöne Kindheit. Das Trümmerfeld – für ihn und seine Freunde der spannendste Spielplatz, den sie sich hätten vorstellen können. Welches Leid hinter den Steinbrocken liegt, die Kinder können das damals unmöglich ermessen. „Darüber haben wir uns keine Gedanken gemacht. Die Trümmer waren ganz normal für uns."

Tritsch & Heppenheimer nach dem Bombenangriff am 23. September 1943.

Den Aufbau der zerstörten und tief verwundeten Stadt erlebt Heuser als Bub hautnah mit, vor allem im Zentrum. Oft unternimmt er mit dem Fahrrad große Touren, fährt aber auch in der Innenstadt umher: „Die Straßen waren ja schnell sauber geräumt und der Schutt lag am Rand." Noch heute erinnert er sich an die Schienen der Lorenbahn, mit deren Hilfe die Trümmer aus der Stadt auf den einstigen Exerzierplatz im heutigen Verlegerviertel heraustransportiert wurden. Dort lagerten sie insgesamt 15 Jahre, „aus ihnen hat man neue

Steine für den Wiederaufbau gewonnen", erinnert sich Heuser.

Auch am 22. Mai 1954 ist der Bub auf zwei Rädern unterwegs, fährt aus Westen kommend die Elisabethenstraße entlang. An der Kreuzung mit der Wilhelminenstraße will der inzwischen Zwölfjährige links abbiegen. „Ich war mit meiner Mutter zum Mittagessen verabredet, die bei Henschel + Ropertz als Schneiderin gearbeitet hat." Heuser stellt sich links neben einen LKW, im Glauben, der Fahrer wolle geradeausfahren. Doch der Lastwagen aus Offenbach biegt nach rechts ab – und fährt den Jungen beim Ausfahren der Kurve über den Haufen. „Der hat mich einfach übersehen!" Einen Laster zu lenken, war damals Schwerstarbeit. Wie durch ein Wunder erleidet Heuser nicht mehr als eine Schramme. Heute ist davon nur noch eine kleine Narbe am Knie zu sehen.

Heinz Joachim Heuser ist als Bub viel durch Darmstadt geradelt.

Wieder Glück gehabt! Doch obwohl er glimpflich davonkommt, beschäftigt ihn der Unfall freilich weiter – schließlich wird man nicht jeden Tag von einem riesigen Laster überfahren! Ein halbes Jahr später malt er die Szene mit Aquarellfarben. Die Straßenecke, an der sich der Unfall ereignete und die er gemalt hat, ist prominent, stadtbildprägend: Dort stand das Gebäude des Einrichtungshauses Tritsch & Heppenheimer, viele Jahre ein Darmstädter Traditionsgeschäft, bis in die 1980er-Jahre hinein.

Doch der Beginn des Einrichtungshauses an dieser Stelle im Jahr 1938 ist kein rühmlicher. Denn zuvor befand sich genau dort ein anderes Unternehmen mit einer bewegten Geschichte: die über die Grenzen Deutschlands hinaus für ihre Produkte bekannte und beliebte Möbelfabrik der jüdischen Familie Trier. Ihr Unternehmen führte den Titel „Großherzoglicher Hoflieferant". Beliefert wurden neben dem Großherzogshaus auch die verwandten Höfe in St. Petersburg, Den Haag und Coburg; die Triers waren außerdem stolz auf die Besuche der Queen Victoria und der Zarenfamilie. Möbel aus ihrer Fabrik wurden bei der großen Landesausstellung 1908 auf der Mathildenhöhe präsentiert.

Insgesamt war die Familie Trier mehr als 200 Jahre lang in Darmstadt ansässig und gestaltete das wirtschaftliche und soziale Leben ihrer Heimatstadt mit. Die Familienmitglieder waren angesehene Bürger – bis zu ihrer Vertreibung und Ermordung in der Zeit des Nationalsozialismus.

Die Ruine vor dem Wiederaufbau, Anfang der 1950er-Jahre.

Die Schauräume der Möbelfabrik Josef Trier, deren Inhaber Ernst und Walter Trier waren, befanden sich vor der sogenannten Arisierung an der Elisabethenstraße/Ecke Wilhelminenstraße, die dann während der Nazi-Zeit Peter-Gemeinder-Straße hieß. Der Begriff „Arisierung" stammt von den Nationalsozialisten und bezeichnet den Prozess der Entfernung der Juden aus dem Wirtschafts- und Berufsleben. Dazu gehörte auch die Enteignung jüdischen Besitzes zugunsten von Nicht-Juden oder „Ariern" sowie die Einschränkung jüdischer Er-werbstätigkeit.

Ernst Trier und sein Vetter Walter Trier führten die Firma bis dahin erfolgreich. Doch nach der Machtergreifung der Nationalsozialisten 1933 begannen die Hetzkampagnen gegen Juden, gefolgt von Boykott-Aufrufen. „Kauft nicht beim Juden!" hieß es fortan auch in Darmstadt. Das wirkte sich bald auf den Umsatz aus. Schon im Jahr darauf musste die Familie das Geschäft in der Innenstadt aufgeben. 1938 zog dort eben Tritsch & Heppenheimer ein und bot unter anderem Tapeten, Teppiche und Gardinen an. „Tritsch & Heppenheimer profitierten eindeutig von der Arisierung", sagt der Leiter des Stadtarchivs, Peter Engels. „Sie haben die beiden Schauhäuser von Möbel Trier in der Wilhelminenstraße 25 und in der Elisabethenstraße 20, Ecke Wilhelminenstraße übernommen." Walter Trier emigrierte daraufhin nach England. Im Juli 1938 meldete das *Darmstädter Tagblatt* den absolut unrühmlichen Rekord, dass es wenige Städte gebe, in denen die „Arisierung des Einzelhandels so rasch und so durchschlagend vorangeschritten" sei wie in Darmstadt.

> ***„Tritsch & Heppenheimer profitierten eindeutig von der Arisierung. Sie haben die beiden Schauhäuser von Möbel Trier übernommen."***

Die dazugehörige Trier'sche Möbelfabrik an der Pallaswiesenstraße blieb von den Ereignissen zunächst unberührt. Doch im Laufe der Jahre wurde der Ruf nach der Arisierung lauter, der Druck stärker. Ernst Trier sah keine andere Möglichkeit, als das Unternehmen zu verkaufen. Am 13. September 1938, dem Tag nach der Unterzeichnung des Kaufvertrags mit der Reichelsheimer Firma Dingeldein, wurde Trier in seiner Wohnung in der Heinrichstraße verhört und wegen angeblicher Devisenvergehen festgenommen und inhaftiert. Nach einem weiteren Verhör – nur sechs Tage später – nahm er sich das Leben.

Für Tritsch & Heppenheimer dagegen ging es zunächst aufwärts. Gegründet wurde das Unternehmen am 2. Januar 1929, damals noch mit dem Sitz in der Rheinstraße 31. Von Dezember 1931 bis Februar 1939 residierte das Geschäft in der Grafenstraße, zog dann eben in das Gebäude Elisabethen- /Ecke Wilhelminenstraße, wo es sich bis zu seiner Zerstörung am 23. September 1943 befand. An dem Tag erfolgte der erste gezielte Großangriff auf Darmstadt. 29 Flieger der Royal Air Force warfen in der Nacht 51 Sprengbomben und 2.779 Brandbomben auf die Stadt. 149 Menschen starben, 278 wurden verletzt. Vernichtet wurden große Teile der Altstadt und etliche Straßen im Martins- und Johannesviertel – insgesamt 162 Gebäude wurden zerstört, 210 weitere beschädigt – ein grausamer Vorbote der Brandnacht, der fast genau ein Jahr später nahezu die gesamte Innenstadt zum Opfer fiel.

Tritsch & Heppenheimer musste also auf unterschiedliche Quartiere ausweichen. Nach 1945 kam das Unternehmen zunächst in der Rhein- /Ecke Grafenstraße unter. In den Folgejahren wurde die Stadt wiederaufgebaut, vor allem in den 1950ern. Heuser hat das Wiederauferstehen zahlreicher Gebäude verfolgt. „Viele Fassaden von Häusern, die kaputt waren, aber noch standen, mussten abgerissen werden", erinnert er sich. Die prächtigen Altbauten, sie waren dahin. „Die Neubauten waren natürlich nicht mehr so schön", sagt Heuser. In späteren, viel späteren Jahren habe ihm die Berichterstattung über die „hässliche" Innenstadt stets einen Stich versetzt. „Das ist nicht fair. Man hatte damals kein Geld für neue Pracht." Der Baustil wurde von den Umständen und der Moderne geprägt. Und nach dem Krieg waren die Menschen einfach froh, ein Dach über dem Kopf zu haben.

Heinz Joachim Heuser hat seinen Fahrradunfall als Zeichnung festgehalten.

Architektonisch gab es im Nachkriegs-Darmstadt in der Tat viel Durchschnittliches, aber auch manches Herausragende. Wer aufmerksam durch die Fußgängerzone streift, die Fassaden betrachtet, selbst in der Ludwig- und der Ernst-Ludwig-Straße, der findet noch heute einige sehr aufwendig gestaltete Fassaden – sofern sie nicht unter Reklame versteckt werden.

Neu gebaut wurde seinerzeit eben auch das Eckhaus an der Wilhelminen- und Elisabethenstraße. Gerade dieses Tritsch-und-Heppenheimer-Gebäude war der Versuch, einer markanten Straßenecke

Noblesse zu verleihen, zeitgemäße Würde nach dem Krieg, was mit zurückhaltender Eleganz erreicht wurde. Ab 14. November 1961 zog Tritsch & Heppenheimer wieder dort hin.

Heuser, 1941 geboren, kannte lange die Vorgeschichte des Kaufhauses nicht, verbindet mit Tritsch & Heppenheimer nur Gutes. „Die Leute gingen gerne dort hin", sagt er, „dort wurden wir gut bedient und dort haben wir unsere erste Garnitur Gartenmöbel gekauft!" Heuser und seine Familie haben lauter schöne Erinnerungen an ihre Besuche in dem Einrichtungshaus. So mag es vielen anderen Darmstädtern gegangen sein, die lange von den hübschen Teppichen und geschmackvollen Gardinen schwärmten. Bis 1989. Denn in diesem Jahr gab Tritsch & Heppenheimer das Geschäft auf.

„Dort wurden wir gut bedient und dort haben wir unsere erste Garnitur Gartenmöbel gekauft!"

In den Folgejahren wurde das filigrane Geschäftshaus 1990 ohne Not abgerissen, genauer: Fassade und Nebengebäude wurden niedergelegt und durch einen eher wuchtigen Klotz ersetzt, den der Architekt Jakob Wilhelm Mengler (1915-2001) entworfen hatte – übrigens nicht dessen einzige Bausünde in Darmstadt, doch das ist eine andere Geschichte. Der Neubau jedenfalls wurde 1992 fertiggestellt und steht dort seitdem anstelle des einst so beliebten Einrichtungshauses.

Kerstin Schumacher

Hier befand sich Tritsch & Heppenheimer:

Das Geschäft stand in der Wilhelminenstraße 25.

Albin Müller hat sein Ideal von Mietwohnungen für die Jugendstilausstellung 1914 Realität werden lassen.

Mietshausgruppe

„Schöner Wohnen“ vor 100 Jahren

Ein karger Schotterplatz, meist als wilder Parkplatz genutzt, ab und an Heimstatt für Baucontainer – mehr findet sich an der Ecke Lucasweg/Olbrichweg nicht. Gegenüber dem Hang hinter dem Ausstellungsgebäude der Mathildenhöhe – ebenfalls Olbrichweg – befinden sich die Bauten der Hochschule Darmstadt, in denen Industrie- und Kommunikationsdesign gelehrt wird. „Da kann man sich heute kaum mehr vorstellen, dass der gesamte Straßenzug einmal von hohen Mietshausbauten gesäumt war“, sagt Rainer Lehn, der in den heutigen Gebäuden selbst studiert hat. „Natür-

Heute stehen auf einem Teil des Geländes Gebäude der Hochschule Darmstadt.

lich habe ich mich dafür interessiert, was denn eigentlich früher auf dem Gelände stand."

Den Anstoß für den Mietshauskomplex gab Ernst Ludwig (1868-1937), der letzte Großherzog von Hessen und bei Rhein. Unter seiner Regie wurden auf der Mathildenhöhe in den Jahren 1901, 1904, 1908 und 1914 Jugendstilausstellungen präsentiert. Zahlreiche Bauten sind für diese Ausstellungen errichtet worden, viele auch nur temporär. Dies galt aber nicht für die Mietshausgruppe der letzten Schau von 1914. Denn der Fokus dieser Ausstellung hatte sich im Vergleich zur ersten verschoben. „Während bei der ersten Ausstellung 1901 Villen im Fokus standen, lag der Schwerpunkt 1914 auf dem Bereich des Mietwohnungsbaus", sagt Rainer Lehn. Albin Müller (1871-1941) hatte deshalb am Nordostrand der Mathildenhöhe Beispiele für hervorragend gestaltete Mietwohnungen respektive Mietshäuser errichten lassen, exakt an dem Platz, an dem Rainer Lehn in den 1980er-Jahren sein Diplom für Industriedesign erworben hat.

Ursprünglich hatte Albin Müller geplant, entlang der Straße 16 Mietshäuser zu errichten. Schon 1910 waren Pläne dafür ausgearbeitet worden. Bis zur Ausstellung 1914 konnten zumindest acht Wohnhäuser mit drei bis vier Etagen und insgesamt knapp 40 Wohnungen tatsächlich gebaut werden. „Natürlich war das nicht einfach zu finanzieren gewesen", weiß auch Rainer Lehn. Aber das Baukonsortium Mathildenhöhe und die Baugesellschaft Platanenhain GmbH hatten es möglich gemacht. Das Gelände, auf dem Müller seine Mietshäuser errichten wollte, war jedoch keineswegs unbebaut gewesen: Der Architekt selbst hatte für die Jugendstilausstellungen 1908 dort das „Gebäude für angewandte Kunst" errichtet. Es musste nun den Mietshäusern weichen.

Die jetzt hier errichtete Mietshausgruppe hatte gleich mehrere Funktionen: Städtebaulich wollte Albin Müller die Ostseite der Mathildenhöhe gegen die nahe gelegenen, wenig attraktiven Brauereigebäude abschirmen. Des Weiteren galt der Schwerpunkt der Jugendstilausstellung 1914 Beispielen moderner Mietwohnungen. Schon 1911 hat ein Kritiker vermerkt, so das Buch *Die Darmstädter Mathildenhöhe* vom Magistrat Darmstadt (S. 21), dass auch „jenen, [die] so eines Eigenheims entbehren müssen, nach den Grundsätzen einer vernünftigen, modernen Wohnungsreform eine vorbildliche Heimstätte geschaffen [werden soll]".

Albin Müller selbst hatte es sich zur Aufgabe gemacht, „zweckdienliche, sachliche, ästhetische, vornehme und doch schlichte Mietwohnungen für den guten Bürgerstand zu schaffen, die alle Anforderungen an ein gesundes, hygienisches Wohnen erfüllen, die Luft, Licht und Sonne in reichem Maße haben können, und die alle wirtschaftlichen Vorzüge nach dem damaligen Stande der Technik in sich vereinen", schreibt er in seiner Autobiografie.

Die Mietwohnungen waren daher bestens ausgestattet: So zählten etwa eine Zentralheizung oder eine Warmwasserbereitungsanlage zur Grundausstattung. Die Entwürfe weiterer Künstler trugen dazu bei, drei Wohnungen in den Häusern Olbrichweg 8,10, und 12 beispielhaft komplett auszustatten. „Allerdings waren sie sowohl geschmacklich als auch finanziell eher am Status des gehobenen Bürgertums orientiert und für einen einfachen Mieter unerschwinglich", meint Rainer Lehn.

Das Buch des Magistrats Darmstadt beschreibt die Straßenfassaden so: „Albin Müller [hatte sie] durch Architekturelemente wie Vorsprünge, Einzüge, Abschrägungen, Giebel, Balkone, Loggien und Portiken betont lebendig und vielfältig gestaltet und damit dem gesamten Straßenzug ein facettenreiches, aber dennoch einheitliches Erscheinungsbild verliehen."

Auch wenn die Architektur des Wohnblocks aus heutiger Sicht eher konventionell wirkt, ist doch zu beachten, dass das mehrgeschossige Mietwohnhaus damals noch ein Stiefkind des Städtebaus war. Namhafte Architekten setzten sich erst allmählich mit dieser Bauaufgabe auseinander.

Die gesamte Wohnhauszeile fiel in der Brandnacht am 11. September 1944 den Luftangriffen zum Opfer. Sie wurde später nicht wiederaufgebaut. „Aber ein letzter, kleiner Rest der Mietsbebauung ist in der Fassade der Fachhochschule Darmstadt erhalten geblieben", deutet Rainer Lehn auf einen Teil des Gebäudes. Wenn man von Süden aus, im Olbrich-Weg stehend, auf die Gebäude der Hochschule für Gestaltung schaut, kann man ihn erkennen, jenen letzten, alten Gebäudeteil, ehemals das Ateliergebäude, das in die Gegenwart gerettet – und ins gegenwärtige Hochschulensemble integriert wurde.

„Aber wohl kaum einer der Studentinnen und Studenten wird die Geschichte dahinter kennen", sagt Rainer Lehn. „Sie wundern sich vielleicht darüber, dass die einfachverglasten Fenster nicht durch energieeffiziente Dreifachverglasung ersetzt worden sind – wegen des Denkmalschutzes." Rainer Lehn ist nicht geknickt. Aber vielleicht ein wenig wehmütig. „Denn diese Mietshausbauten – die waren schon was Besonderes."

Michael Kibler

Hier stand die Mietshausgruppe:

Sie befand sich am Olbrichweg 8,10 und 12.

Das Rheintor bildete die westliche Stadtbegrenzung, durch die Besucher ab 1812 geschritten waren.

27

Rheintor

Wanderung eines Portikus

Prachtvoll war es einst, das Darmstädter Rheintor, im 19. Jahrhundert eine wunderschöne klassizistische Anlage an der Rheinstraße. Am südlichen Rand befand sich das Zoll- und Wachhaus, eindrucksvoll geschmückt mit einem Portikus. Mit seinem spiegelbildlichen Pendant auf der nördlichen Seite bildete das Ensemble das „Rheintor“ und damit die westliche Stadtbegrenzung, durch die Besucher ab 1812 geschritten waren.

Heute gibt es bewachte Stadteingänge schon lange nicht mehr, so ist auch das Rheintor ein längst verschwundener Ort. Dort befindet

Heute ist das Rheintor längst verschwunden. Einzig der versetzte Portikus mit den Originalsäulen blieb erhalten.

sich jetzt unter anderem die neue Kunsthalle. Doch ein kleiner Teil der einstigen Stadtbegrenzung hat überdauert. Wer das nicht weiß, wird den Anblick kaum wiedererkennen. „Zwischen der Errichtung des ehemaligen Rheintors und dem Bau der heutigen Kunsthalle von 1957 liegen stolze 145 Jahre“, sagt Hans-Henning Heinz. Die Anlage steht heute unter Denkmalschutz, denn „sie hat eine bewegte Geschichte“, weiß der Architekt, der sich ausgiebig mit dem Thema befasst hat.

„Zwischen der Errichtung des ehemaligen Rheintors und dem Bau der heutigen Kunsthalle von 1957 liegen stolze 145 Jahre“

Das Rheintor begrenzte mit dem zur gleichen Zeit entstandenen Maintor im Norden und dem Neckartor im Süden ab 1810 die großflächige Erweiterung Darmstadts nach Westen, eine Folge der Erhebung Hessens zum Großherzogtum. Eine Allee umgab die heutige Mollerstadt als Grüngürtel. Benannt wurde die Vorstadt nach ihrem Erbauer, dem Hofbaumeister Georg Moller (1784-1852), der sowohl für den

Entwurf als auch für fast alle Gebäude verantwortlich zeichnete – auch für das Rheintor. „Moller war einer der bedeutendsten Vertreter des Klassizismus“, erklärt Heinz.

Nach der Aufhebung der Stadtgrenzen diente der Säulenbau als Eingang zu der 1889 im Neorenaissance-Stil errichteten Kunsthalle des Hessischen Kunstvereins. „Man hat den nördlichen Portikus dafür genutzt, weil's hübsch war“, weiß der Darmstädter zu berichten, „so wurde ein historisches Relikt in einen Neubau integriert.“ Und das ist auch eine ganze Weile so geblieben. Bis zum 11. September 1944. Bei dem als Brandnacht in die Geschichte eingegangenen Angriff der Royal Air Force wurde auch die Kunsthalle völlig zerstört. Einer der beiden Portiken aber blieb stehen, allerdings ohne den Giebel.

Hans-Henning Heinz liegen die Kunsthalle und das ehemalige Rheintor am Herzen.

Nach den Plänen des bekannten Architekten Theo Pabst (1905-1979) entstand 1957 an gleicher Stelle die neue Kunsthalle des Darmstädter Kunstvereins. „Pabst hielt mit dem Neubau respektvoll Abstand zum Portikus, bezog den Eingang der neuen Kunsthalle jedoch bewusst auf die Achse des Torbogens, eine Referenz an die Geschichte dieses Ortes“, erklärt Heinz, selbst Schüler von Pabst, der bis 1972 an der Technischen Hochschule Darmstadt lehrte. „So gelang es Pabst, Altes und Neues subtil miteinander zu verbinden.“

Im Jahr 1963 wurde der Portikus des früheren Rheintors abgebaut, um Platz für die Verbreiterung der Rheinstraße zu schaffen. Die Verantwortlichen wollten die Säulen, gefertigt aus Groß-Umstädter Sandstein, jedoch erhalten, „aber dann hat man sie einfach vergessen!", erinnert sich der Architekt. Erst 1986 tauchten sie – „auf dem Bauhof in der Pallaswiesenstraße" – wieder auf. Nikolaus Heiß, der langjährige Denkmalpfleger der Stadt Darmstadt, entwickelte anschließend die Idee, die Säulen herzurichten und wieder an ihrem angestammten Platz aufzustellen.

Das Rheintor diente ab 1889 als Eingang zur vom Hessischen Kunsteverein errichteten Kunstahlle.

Zu der Zeit hatte Hans-Henning Heinz, der auch Mitglied im Vorstand des Kunstvereins ist, gerade den Erweiterungsbau der Kunsthalle geplant. Und war von dem Einfall begeistert: „Das ist das letzte Relikt, das noch von der historischen Mollerstadt erhalten ist!" Die Säulen wieder aufzustellen, gleiche einer Hommage an den für Darmstadt so wichtigen Baumeister. Also wurde der Portikus des ehemaligen Rheintors am alten Ort – allerdings der verbreiterten Straße wegen sieben Meter nach Norden versetzt – wiederaufgebaut, und zwar sorgfältig genau in der Achse, wie sie Theo Papst einst vorgegeben hatte. „Damit haben wir Moller ein Denkmal gesetzt", findet Heinz. Der versetzte Portikus mit den Original-Säulen wurde zu einem Markenzeichen des Kunstvereins.

Den Vorplatz des Kunstvereins umgab in der Folgezeit ein Zaun. „Das war Auflage der Stadt, damit Kunstwerke, wenn sie im Innenhof aufgestellt werden, geschützt sind", erklärt Heinz die Notwenigkeit einer Absperrung, die er eigentlich nicht wollte, da „der Platz der Öffentlichkeit zugänglich sein soll". Zunächst begrünte der Kunstliebhaber den Zaun mit wildem Wein, denn „der Hof sollte wie ein Innenraum erscheinen, nicht gestört vom tosenden Verkehr auf der Rheinstraße". Doch wirkte er, so abgeschlossen, vielleicht abweisend? Das wollten Heinz und seine Mitstreiter ändern und schrieben einen Wettbewerb aus. 2018 verschwand der Zaun, 2020 wurden dem Sieger-Entwurf entsprechend sieben Gleditschien gepflanzt, Schatten spendende Bäume, drei davon umringt von Sitzbänken, die zum Verweilen einladen: eine Insel der Ruhe neben der brausenden vierspurigen Hauptstraße.

Blick auf die Kunsthalle von der Rheinstraße.

In der Ausschreibung zum Wettbewerb wurde den Teilnehmern zur Aufgabe gemacht, die Gestaltung des Vorplatzes auf die gesamte Umgebung hin zu planen. Der Sieger-Vorschlag sah vor, die bestimmenden drei Gestaltungselemente Kies, Bäume und Bänke des Vorplatzes der Kunsthalle spiegelbildlich auch auf der gegenüberliegenden Straßenseite vor dem Gewerkschaftshaus weiterzuführen, um die ursprüngliche Idee der Symmetrie der Rheinstraße mit der Sichtachse auf das Ludwigsmonument wiederherzustellen. „Aus einer alten Episode hat sich etwas Neues entwickelt. Dieser Ort könnte als *Rheintorplatz* Anregung sein für eine weitere Verbesserung der Qualität der gesamten Rheinstraße", begeistert sich Heinz. „Der für die Öffentlichkeit wieder zwanglos nutzbare Platz würde außerdem die Möglichkeit bieten, mit Kunst in unmittelbaren Kontakt zu treten, wozu die Transparenz der Kunsthalle geradezu einlädt."

„Dieser Ort könnte als Rheintorplatz Anregung sein für eine weitere Verbesserung der Qualität der gesamten Rheinstraße."

Der Darmstädter träumt davon, auf diese Weise auch das historische Stadttor wiederherzustellen, zumindest gefühlt. Damit entstünde für den die Rheinstraße in Richtung Innenstadt fahrenden Betrachter ein Gleichgewicht. Und so wäre das Rheintor – zumindest optisch – wiederhergestellt, glaubt Hans-Henning Heinz.

Kerstin Schumacher

Hier befand sich das Rheintor:

Das Stadttor befand sich auf der Rheinstraße auf Höhe der Kunsthalle, Steubenplatz 1.

Knappe 18 Jahre lang diente eine gläserne Pyramide als Besucherempfang des Chemie- und Pharmakonzerns Merck in Darmstadt.

Merck-Pyramide

Entrée für knapp 20 Jahre

Eine Pyramide in Darmstadt – das erscheint schon ein wenig seltsam. Gemeinhin verortet man derartige Bauwerke ja eher in Ägypten. Dennoch stand eine solche mitten in der Stadt. „Mit ihren elfeinhalb Metern Höhe handelte es sich um eine eher kleine Pyramide", sagt Darmstadtkenner Gregor Krisztian, Professor i.R. für Kommunikationsdesign, und fügt hinzu: „Sie war auch nicht aus Stein gefertigt, sondern aus Glas." Jeder Besucher, der das etablierte Darmstädter Pharma- und Technologieunternehmen Merck besuchte, durchschritt sie. So auch Krisztian, der im

Dort, wo einst die Pyramide stand, ist heute eine Freifläche mit Bäumen.

Berufsleben immer wieder freiberuflich für Kommunikationsprojekte bei Merck gearbeitet hatte. „Daher auch mein besonderes Interesse für die reizvolle Architektur der Pyramide", sagt er.

1996 wurde das Bauwerk nach einjähriger Bauzeit als neues Entrée für Firmengäste fertiggestellt. Verantwortlich gezeichnet hatte der Frankenthaler Architekt Gerd Behnisch. Das architektonische Konzept war seinerzeit in Deutschland wohl einzigartig: Die Pyramide wurde völlig verglast, 15 mal 15 Meter breit und, wie gesagt, elfeinhalb Meter hoch. Die Verglasung mit blauer Beschichtung bestand aus wärmeabweisenden, hochwertigen Sonnenschutzgläsern. „Das Lüftungssystem des eigenwilligen Gebäudes war sehr ausgegoren", erläutert Krisztian. Denn die Pyramidenspitze ließ sich hydraulisch öffnen und ermöglichte so eine Lüftung über den freiwerdenden Querschnitt. Auch in die Klimatechnik hatten die Ingenieure Know-how investiert: Bei einer Außentemperatur von 32 Grad Celsius zeigten die Thermometer aufgrund des durchdachten Kühlungssystems im Inneren angenehme 22 Grad. Die Fußbodeninstallation war ebenso ausgetüftelt: Im Winter diente sie zum Heizen, im Sommer zum Kühlen.

Betraten die Besucher die Pyramide, gelangten sie in eine offene Halle. Darin, prominent angeordnet, die Empfangstheke und locker verteilte Sitzgruppen. Über eine Wendeltreppe erreichte man die auf einer Säule über der Empfangstheke thronende zweite Ebene. Diese Lounge bot Raum für erste Gespräche und öffnete daneben den Blick über das Gelände. Aber es gab auch einen Weg nach unten in das Kellergeschoss. Natürlich sollte das alles im rechten Licht erscheinen: Eigens vom Architekten für das Projekt entworfene Leuchten sorgten für eine akzentuierte, angenehme Ausleuchtung der gläsernen Pyramide. „Was zudem besonders beeindruckte: Das ganze Gebäude war bereits komplett behindertengerecht konzipiert", betont Gregor Krisztian.

Gregor Krisztian: Professor für Kommunikationsdesign i.R. Interessante Architektur ist sein Steckenpferd.

Merck ist inzwischen mehr als 350 Jahre alt. 1668 erhielt Friedrich Jacob Merck (1621-1678) das Privileg, eine Apotheke zu betreiben. Sie wurde zur Keimzelle des Unternehmens. Anfang des 19. Jahrhunderts wandelte sich das Unternehmen unter Emanuel Merck (1794-1855) Schritt für Schritt von der Apotheke zum industriellen Pharmaunternehmen – 1850 gründete Merck mit seinen Söhnen die Geschäftssozietät E. Merck. Die Fabrik entstand auf dem heutigen Mercksplatz im Osten der Stadt, dessen Name noch an den alten Standort erinnert. Doch mit dem Erfolg des Unternehmens wurde es dort zu eng. 1904 zog die Fabrik an ihren heutigen Standort an der Frankfurter Straße und wurde gleichzeitig deutlich erweitert. 2018 feierte der inzwischen weltweit tätige Konzern sein 350-jähriges Jubiläum. Zu dieser Zeit arbeiteten mehr als 50.000 Mitarbeiter in 66 Ländern in dem Wissenschafts- und Technologieunternehmen.

„Natürlich erfüllt das neue Gebäude seinen Zweck besser als die Pyramide. Aber sie war ein sehr mutiger und interessanter architektonischer Schritt."

„Das Jubiläum war auch der Moment, in dem das neue Besucherzentrum auf der gegenüberliegenden Straßenseite seine Pforten öffnete", erklärt Gregor Krisztian. „Die Pyramide als Besucherzentrum war zwar ein Hingucker und allein im Jahr 2013 kamen 71.000 Gäste", fährt er fort. „Das zeigte aber gleichzeitig das Problem auf." Denn schon seit geraumer Zeit war das Besucher-Entrée dem Andrang nicht mehr gewachsen.

Nach nicht einmal 20 Jahren wurde das Glasgebäude am 3. November 2014 demontiert. Das neue Besucherzentrum übernahm nahtlos – mit direkt darunter errichteter Tiefgarage für Besucher. „Natürlich erfüllt das neue Gebäude seinen Zweck besser als die Pyramide. Aber sie war ein sehr mutiger und interessanter architektonischer Schritt", beteuert Gregor Krisztian und fügt an: „Ein klein wenig vermisse ich sie, wenn ich die Frankfurter Straße entlangfahre."

Michael Kibler

Hier stand die Merck-Pyramide:

Sie befand sich am Eingang der Firma Merck auf Höhe der Straßenbahn-Haltestelle „Merck". Postadresse: Frankfurter Straße 250.

Mehr als 400 Mitarbeiter hatten die Ersten Karosseriewerke Georg Autenrieth vor dem Zweiten Weltkrieg.

Karosseriewerke

Wahre Meister ihres Fachs

Den Deutschen waren Automobile schon immer wichtig, entsprechend viele Marken konnte das Land einst aufweisen. „Grob geschätzt gab es seit Beginn der Automobilgeschichte 1896 mehr als 500 verschiedene", sagt Werner Schollenberger. Allein Darmstadt hatte mit FAFAG und HAG zwei eigene Hersteller. Obendrein war Opel in Rüsselsheim nicht weit entfernt – einst der größte deutsche Autohersteller, Adler in Frankfurt war der viertgrößte und in Ober-Ramstadt saßen die Nobelmarke Röhr sowie die Falcon Automobilwerke AG, wie Werner Schollenber-

Von den einstigen Karosseriewerken ist heute nichts mehr übrig.

ger begeistert erzählt. Sie alle brauchten freilich Aufbauten – und da hatte Darmstadt ebenfalls etwas zu bieten, denn hier befanden sich einst die Karosseriewerke von Georg Autenrieth, einer der renommiertesten Betriebe in Deutschland. „Autenrieth hat für die verschiedensten Autohersteller produziert", weiß Automobilhistoriker Schollenberger, „darunter für namhafte Edelmarken wie BMW oder Jaguar."

„Autenrieth hat für die verschiedensten Autohersteller produziert, darunter für namenhafte Edelmarken wie BMW oder Jaguar."

Der Gründer, Stellmacher Georg Autenrieth, hatte schon 1912 mit einem Partner die „Karosseriewerke Weinsberg" in Baden-Württemberg aufgebaut. Doch 1921 kam der Jungunternehmer nach Hessen, um sich in Darmstadt etwas Eigenes aufzubauen. Warum Autenrieth seinen Firmensitz unbedingt nach Darmstadt verlegen wollte, ist bis heute nicht ganz geklärt. Ein passendes Grundstück fand er jedenfalls an der Feldbergstraße 72 und ab 1922 begannen die „Ersten Darmstädter Karosseriewerke – Georg Autenrieth" mit der Fertigung. „Mit mehr als 400 Mitarbeitern gehörten sie vor dem Zweiten Weltkrieg zu den größten Betrieben dieser Art in Deutschland", erklärt der Roßdörfer Henning Zaiss, der die Firmengeschichte 1991 in seinem 380 Seiten starken Buch unter dem Titel *Erste Darmstädter Karosseriewerke Autenrieth* zusammengefasst hat.

Henning Zaiss von Rabenstein hat die Geschichte der Firma Autenrieth 1991 in einem Buch zusammengefasst.

Der Automobilmarkt boomte in jener Zeit. Die Nachfrage war hoch, „selbst während der Inflationszeit und dann bis zur Wirtschaftskrise herrschte Aufbruchstimmung", weiß Schollenberger. „Wohlhabende Leute haben ihr Geld unter anderem in Autos investiert." Auch das Angebot war entsprechend groß. „Nach dem Ersten Weltkrieg haben sich viele Ingenieure, die zuvor in der Rüstungsindustrie tätig waren und zum Beispiel im Flugzeugbau gearbeitet haben, dem Automobilbau gewidmet", erklärt der gelernte Karosseriebauer.

Außerdem ging der Kauf eines Wagens damals ganz anders vonstatten als heute, denn der (betuchte) Interessent kaufte nicht etwa das fertige Fahrzeug, oh nein. In den 1920er- und 1930er- Jahren konnte sich der Kunde beim Autohändler ein Chassis des gewünschten Herstellers bestellen und sich dafür einen eigenen Wagenaufbau bei einem Karosseriebauer anfertigen lassen –

nach eigenem Geschmack, ganz wie's gefiel. „Ob Zweisitzer oder Limousine, ob gelb oder rot, alles war möglich", schwärmt Schollenberger. „Das kann man sich heute gar nicht mehr vorstellen", ergänzt Oldtimer-Liebhaber Henning Zaiss. Doch vor allem bei teuren Luxusautos war das die Regel. Und Autenrieth war ein Meister seines Fachs, lieferte Aufbauten für Adler, Opel, Horch, Audi oder Benz.

Werner Schollenberger ist ein wahrer Kenner der Automobilgeschichte.

Bekannt wurden die Darmstädter zunächst aber durch die Karosseriefertigungen für Röhr in Ober-Ramstadt. Nach dem Ende von Röhr 1936 arbeitete Autenrieth eng mit BMW zusammen, eine erfolgreiche Geschäftsbeziehung, die bis nach dem Zweiten Weltkrieg hielt. Für die Chassis des BMW 501 und 502 entwarf Autenrieth elegante Coupés und Cabriolets, etablierte sich bald als Hauptlieferant der Bayerischen Motoren Werke: Mehr als 1.000 Zwei- und Viertürer-Cabriolets des Vorkriegstyps 326 entstanden laut Zaiss in Darmstadt – das BMW-Programm führt sie als offizielle Modelle zum Preis von 6.650 (Zweitürer) und 7.300 Reichsmark. „Autenrieth führte sogar einen 326 mit Schiebetüren im Sortiment", betont Zaiss. Nach dem Krieg wurden sogar Karosserien für den Citroën DS 21 oder den Jaguar XJ 120 in Darmstadt gefertigt. Goldene Zeiten waren das! „Viele Arbeiten aus dem Hause Autenrieth wurden mit Preisen ausgezeichnet", sagt Autokenner Schollenberger mit Begeisterung.

Die schon 1928 begründete Kooperation mit Opel wurde in den 1950er-Jahren weitergeführt, doch das erlebte Gründer Georg Autenrieth nicht mehr, er starb im Juni 1950. Die Firmenleitung lag nun in den Händen seiner Töchter Gertrud Friebis und Helene Trüby, während sich Schwiegersohn Franz Trüby um den technischen Bereich und die Neuentwicklungen von Karosserieentwürfen kümmerte. „Unter Franz Trübys Einfluss wurden manche in ihrer Form so verändert, dass noch nicht einmal die obligatorische BMW-Niere erhalten blieb", beschreibt Schollenberger den Fortgang der Firma unter der nächsten Generation. Umbauten von unter anderem dem Opel Olympia Rekord behielten hingegen ihre Karosserieform. Dem Trend der Zeit entsprechend, verpasste man diesen Wagen auffällige Heckflossen.

Eleganz aus Südhessen: Die Schiebetüren an diesem BMW-Cabriolet waren ein Patent des Darmstädter Karosseriebauers Autenrieth.

Doch all das half am Ende nichts. „Nach dem Krieg wurden vermehrt selbsttragende Karosserien entwickelt", erklärt Schollenberger, „Opel hatte sogar schon 1936 damit begonnen, beim Opel Olympia." Der Unterschied ist gravierend: Als Karosserie wird der vollständige Aufbau eines Fahrzeuges auf einem tragenden Fahrgestell bezeichnet. Selbsttragende Karosserien sind im Unterschied dazu nicht nur der Aufbau selbst, sondern zugleich das Grundgerüst des Fahrzeugs. „Die selbst tragende Karosserie erlaubte nur noch leichtere Eingriffe in die Struktur", erklärt der Autoexperte. Die wunderbare Wahlfreiheit der Kunden – aus und vorbei.

Vorbei ging damit auch die Ära Autenrieth. Zwar versuchte das Unternehmen noch eine Weile, mit innovativen Aufbauten am Markt zu bestehen, letztlich war das aber vergeblich. Im Jahr 1964 schlossen die „Ersten Darmstädter Karosseriewerke – Georg Autenrieth" für immer ihre Tore.

Kerstin Schumacher

Hier standen die Karosseriewerke:

Der Betrieb befand sich an der Feldbergstraße 72.

Das Palais Rosenhöhe – ein Schloss im Park Rosenhöhe.

Palais Rosenhöhe

Ein Heim für Adel, Gesandtschaft und Kunst

„Ich mag Schlösser“, sagt Yvonne Raftopoulo und schaut ein wenig wehmütig auf das Areal mit Kies, Rasen und niedrigen Hecken, die in etwa den Grundriss des ehemaligen Palais Rosenhöhe nachzeichnen. „Dass dieses Schloss nach dem Krieg nicht wiederaufgebaut wurde, finde ich bedauerlich.“ Die Darmstädterin interessiert sich besonders für die Parks und deren Historie.

Die Geschichte des Palais Rosenhöhe reicht fast bis zur Entstehung des gleichnamigen Parks zurück. Wilhelmine von Baden (1788-1836), die Gattin des späteren Großherzogs Ludwig II. (1777-1848),

Heute zeugen nur noch ein Paar Hecken, ein Brunnen und ein Portalstein von dem Gebäude.

ließ auf dem damals „Busenberg" genannten Gelände um 1817 den Garten anlegen. Bislang war dort Wein angebaut worden. Als Architekt durfte Johann Michael Zeyher (1770-1832) seine Ideen umsetzen. Wilhelmine ließ sich auch ein Landhaus errichten – auf genau dem Grund, auf dem später das Palais entstehen sollte. 1818 war der zweigeschossige Bau bereits fertiggestellt. Architekt war kein Geringerer als Georg Moller (1784-1852), der Darmstadt in jenen Zeiten architektonisch an vielen Stellen seinen Stempel aufdrückte – sehr zum Wohle der Residenzstadt. Er entwarf auch ein weiteres, prägendes Gebäude im Park: das Mausoleum. Als 1826 Wilhelmines Tochter Elisabeth im Alter von nur fünf Jahren starb, beauftragte sie den Architekten, die opulente Ruhestätte zu errichten. 1831 stellte Moller sie fertig. „Das Mausoleum lag auf Wilhelmines Wunsch absichtlich in deutlicher Entfernung zum Landhaus", weiß Yvonne Raftopoulo.

58 Jahre nach Wilhelmines Tod wird das Landhaus abgetragen. Es muss weichen, denn 1894 lässt Prinz Wilhelm (1845-1900), der

jüngere Bruder des Großherzogs Ludwig IV. (1837-1892), auf diesem Teil der Rosenhöhe einen prächtigen Bau errichten: das Palais Rosenhöhe. Zunächst bewohnt er es selbst mit seiner Gattin Josefine Bender, Frau von Lichtenberg (1857-1942), und dem gemeinsamen Sohn Gottfried von Lichtenberg (1877-1914). Doch schon sechs Jahre nach dem Einzug verstirbt der Besitzer.

Das Gebäude erbt sein Neffe, Großherzog Ernst Ludwig (1868-1937). Er nutzt es jedoch nicht selbst: Von 1903 bis 1918 ist das Palais Sitz der Preußischen Gesandtschaft im Großherzogtum Hessen und bei Rhein. Mit dem Ende des Ersten Weltkriegs gibt es jedoch keine Preußische Gesandtschaft mehr. Ernst Ludwig lässt das hochherrschaftliche Gebäude daraufhin in den 1920er-Jahren umbauen. Die beiden Geschosse mit jeweils 500 Quadratmetern und einer Deckenhöhe von viereinhalb Metern werden in mehrere Wohnungen aufgeteilt.

Yvonne Raftopoulo kennt ihre Stadt – und insbesondere deren Parks.

Und abermals wirkt Ernst Ludwig – wie schon auf der Mathildenhöhe – als Förderer der Kunst: Nach dem Tode des Kunst-Mäzens Karl Ernst Osthaus (1874-1921) beherbergt der ehemalige Großherzog dessen Folkwang-Verlag und die beiden Fotografen Albert Renger-Patzsch (1897-1966) und Ernst Fuhrmann (1886-1956) kostenfrei im Palais. Damit wird es zu einem Zentrum der Fotografie in der Kunstrichtung „Neue Sachlichkeit“. Zwar geht der Verlag 1923 in Konkurs, aber dessen Nachfolger, der Aurigia-Verlag, darf das Domizil weiterhin nutzen.

In der Brandnacht am 11. September 1944 beschädigte die britische Luftwaffe das Gebäude schwer. Der Druck der Bombenexplosionen zerstörte sämtliche Fenster sowie die Glaskuppel des Baus. Aber an den Decken konnte man immer noch den Stuck sehen, im ersten Stock waren die Wände noch mit dem roten Damast bespannt, wie Zeitzeugen berichten.

In den Nachkriegsjahren wurde das Gebäude unter anderem als Lager für Äpfel genutzt. Sie stammten aus der Bewirtschaftung der Rosenhöhe nach dem Krieg. „Die Fenster im Erdgeschoss sind zugemauert worden, nur mit Luftschlitzen versehen, damit die Luft zirkulieren konnte“, erzählt Yvonne Raftopoulo. Die Keller hatten den Angriff ziemlich unbeschadet überstanden. Sie beherbergten danach behelfsmäßig die Berufsschule für Gärtner – bevor diese später ins Schuldorf Bergstraße nach Seeheim umsiedelte. „Ganz klar ist es nicht, wann das Palais abgerissen wurde. 1961 ist es auf einer Luftaufnahme noch zu sehen und 1963 nicht mehr im Stadtplan verzeichnet“, erklärt die Schlossliebhaberin.

Danach fiel das Gelände in einen Dornröschenschlaf. Ein Paradies für Wildtiere, Vögel und für Brombeerhecken. 1979 erwarb die Stadt Darmstadt die Rosenhöhe – und begann 1980 damit, Stück für Stück die Hecken abzutragen. „Das ging zu diesem Zeitpunkt nicht mehr mit Heckenscheren, sondern nur noch mit Baggern“, erinnert sich die Darmstädterin und ergänzt sogleich: „Die Baggerschaufeln förderten auch noch einen Portalstein des ehemaligen Gebäudes zutage. Er ruht heute auf zwei Betonstelen und erinnert an das kleine Schloss.“ Denn die Stadt gestaltete das Gelände, auf dem einstmals das Palais stand, neu: Hecken zeichnen – wie gesagt – grob den Umriss des ehemaligen Palais nach. Auch der einstige Brunnen wurde wiederhergestellt. „Ein schöner Ort“, seufzt Yvonne Raftopoulo und ergänzt: „Es fehlt nur eins: das Palais.“

Michael Kibler

Hier stand das Palais Rosenhöhe:

Es befand sich am Thießweg im südwestlichen Bereich der heutigen Rosenhöhe.

Leuchtend wie 100 Sterne: Die Wolkenlampen haben einst in der Innenstadt für schöne Stimmung gesorgt.

Wolkenlampen

Leuchtender Himmel über den Straßen

Flanieren unter freiem Himmel, das sanfte Licht von Wolkenlampen über sich, das war einmal in Darmstadt. Denn einst verbreiteten Kugellampen eine zauberhafte Stimmung in der Dunkelheit. Sie hingen in der Fußgängerzone, genauer in der Ludwig-, der Ernst-Ludwig- und der Schuchardstraße. Christoph Beck vermisst die Wolkenlampen. Der Stadtplaner und Denkmalpfleger fand sie immer sehr schön anzuschauen: „Das war etwas Besonderes." Auch Fußgängerzonen waren lange etwas Besonderes – und am Anfang vor allem bei Einzelhändlern verpönt. Auch in Darmstadt.

Die Kugellampen sind schon seit den 1990er-Jahren kein Gestaltungselement mehr.

Im Juni 1958 schreckte ein Vorschlag des Magistrats Geschäftsleute und Vertreter der Industrie- und Handelskammer auf: Die Schuchard-, die Ernst-Ludwig- und die Ludwigstraße sollten für Fahrzeuge gesperrt werden! Fünf Stunden lang, zwischen 13 und 18 Uhr, sollten sich Menschen dort nur noch zu Fuß bewegen dürfen. Aber die Parkplätze! Und der Lieferverkehr! „Wie soll das gehen?", fragten die Geschäftsleute empört. Der damalige IHK-Präsident Willi Bernauer bedauerte im *Tagblatt*, „daß von der Stadt in solchen, vornehmlich Wirtschaft und Handel angehenden Fragen nicht zunächst einmal die berufenen Vertreter, also Einzelhandelsverband und Industrie- und Handelskammer gehört worden seien". Der Magistrat war mit dem Vorschlag seiner Zeit gehörig voraus, die Skeptiker setzten sich durch. Doch zehn Jahre später, im Jahr 1968, wurden die ersten Teile der Innenstadt dann doch zur autofreien Zone erklärt. Mit Erfolg, denn die Fußgängerzone wurde mit der Eröffnung des Luisencenters 1977 erheblich erweitert.

Da war Kassel längst weiter. Die nordhessische Stadt beansprucht für sich, die erste Fußgängerzone Deutschlands eröffnet zu haben: Die dortige Treppenstraße, gebaut vor allem auf den Trümmern des Zweiten Weltkriegs, wurde am 9. November 1953 als Einkaufsstraße nur für Fußgänger freigegeben. Fünf Jahre, bevor in Darmstadt darüber gestritten wurde. Dieses Einzelhandelskonzept galt damals als revolutionär – und wurde von immer mehr Städten in ganz Deutschland übernommen, die Darmstädter haben halt eine Weile gebraucht. „Die Treppenstraße in Kassel steht mittlerweile unter Denkmalschutz“, sagt Christoph Beck. Die Fußgängerzonen der 1970er-Jahre waren gestalterisch sehr konsequent, „sachlich, aber futuristisch“, weiß der Stadtplaner. Das trifft auch auf Darmstadt zu, und die Wolkenlampen passten gut in diese Zeit hinein. „Die Lampen waren sogar eine Sonderanfertigung für die Stadt Darmstadt. Sie wirkten wie ein Raumgerüst, scheinbar schwebend über der Straße“, erinnert sich der Darmstädter. Die Lampen haben bei Dunkelheit ein schönes, gleichmäßiges Licht abgegeben, „das war natürlich schön anzusehen“.

Beide Bilder zeigen die Ludwigsstraße, einmal Blick nach Norden, einmal nach Süden. Das obere Foto zeigt die typischen Gebäude aus den 1950er-Jahren. Im unteren Foto ist im Vordergrund links das einstmals bekannte Bekleidungsgeschäft Stegmüller zu sehen, rechts das heute noch vorhandene Schuhhaus Brackelsberg.

Für ihre Beliebtheit spricht auch, dass die Ansicht der Ernst-Ludwig-Straße auf Postkarten festgehalten wurde. So sind die Lampen auch über die Stadtgrenzen hinaus bekannt geworden oder, wie Christoph Beck es formuliert: „Sie waren ein Aushängeschild der Stadt.“ Die Versinnbildlichung des Einkaufserlebnisses in der Innenstadt sozusagen. „Als identitätsstiftendes Merkmal wurden sie nach der Erweiterung der Fußgängerzone auch noch in der Luisenstraße aufgehängt“, sagt der studierte Architekt.

Doch es gab auch Kritik an der Gestaltung der ersten Fußgängerzone in Darmstadt, vor allem wegen der dortigen Pavillons – die kleinen, einem Bazar ähnelnden Unterstände boten Raum für alternative Angebote der Flower-Power-Zeit. „Einige Pavillons dienten jedoch auch als Schaukästen und Vitrinen der großen Geschäfte“, erklärt Beck ihre Bedeutung. In den Augen vieler Darmstädter aber waren sie damals eher „Gerümpel“, Hindernisse, derentwegen sie in der Innenstadt manchmal Slalom laufen mussten. Dabei waren sie in der Ernst-Ludwig-Straße bewusst versetzt angeordnet worden und ließen die Mittelachse frei, so dass der weiße Turm auch in der Straßenflucht noch zu sehen war. „Aus heutiger Sicht war das größte Manko die fehlende Begrünung, die durch die Pflanzkübel doch spärlich ausfiel“, erklärt Beck.

Doch das Ende der Pavillons und der Wolkenlampen rückte näher. Schlussendlich waren es verschiedene Gründe, weshalb dieses Gestaltungselement aus dem Stadtbild verschwand. Zum einen waren die Lampen schwer zu warten und verbrauchten sehr viel Energie. Zum anderen wurden die Kugeln, aus zeittypischem Kunststoff gefertigt, mit der Zeit blind. Im Frühjahr 1991 begann der Umbau der Fußgängerzone samt „Entrümpelung“, so mag es mancher Heiner empfunden haben. Christoph Beck aber bedauert aus heutiger Sicht, dass die Lampen nicht mehr da sind: „Heute stünden diese Lampen vielleicht sogar unter Denkmalschutz. Sie wären Kult.“

Kerstin Schumacher

Hier befanden sich die Wolkenlampen:

Die Wolkenlampen hingen in der Ludwig-, in der Ernst-Ludwig- und in der Schuchardstraße.

Hier ließ es sich gut feiern: im ehemaligen Saalbau an der Staufenbergstraße.

Saalbau

Endlich ein öffentliches Veranstaltungshaus

„Kaum zu glauben, aber hier stand mal ein wunderschönes Veranstaltungshaus!", sagt Schriftsteller Eric Barnert, als er auf den Wohnblock schaut, der seit Anfang der 50er-Jahre an der Ecke Riedesel-/Staufenbergstraße steht: Gar nichts erinnert mehr an das erste große bürgerliche Veranstaltungshaus „Saalbau".

Wie kam es dazu, dass hier einst ein Festsaalgebäude errichtet wurde? „Bürger feierten im Darmstadt des 18. des 19. Jahrhunderts im Allgemeinen in Sälen größerer Gasthäuser", schreibt Peter Engels

Heute zeugt nichts mehr von der ehemaligen Festhalle, die hier einmal stand.

im *Stadtlexikon Darmstadt*. Doch Turn-, Musik- und Volksfeste zogen mit den Jahren viel größere Zuschauermassen an, als die Feiersäle unterbringen konnten. Daher gründete sich 1860 ein Komitee zur Erbauung einer Festhalle, wenig später bereits konkret die Saalbau-Aktiengesellschaft. Es folgten mehrjährige Planungen.

Der Bauplatz lag mitnichten mitten in der Stadt, sondern damals an ihrem südlichen Rand. Baubeginn des ersehnten Festhauses war Anfang der 1870er-Jahre. Als Architekt zeichnete Eduard Harres (1840-1918) verantwortlich. Anfang Januar 1873 war das Dach gezimmert. Schon im August 1873 wurde ein Gartenfest mit Konzert abgehalten. In der Musikhalle auf der Südseite des Gartens wechselten sich vier Militärkapellen in ihren Auftritten ab.

Am 24. November wurde die neue „Gute Stube" der Darmstädter offiziell eingeweiht: Sie fasste bis zu 1.300 Menschen. Neben zahlreichen Reden gab es ein großes Konzert mit Werken von Beethoven, Mozart, Gluck und Haydn.

Eines der ersten großen Feste war im Februar 1874 der öffentliche Maskenball. Auch die großherzogliche Familie besuchte diese Veranstaltung in den folgenden Jahren regelmäßig. Prinz Ludwig, der spätere Großherzog Ludwig IV. (1837-1892), notierte 1875 über den Maskenball im Saalbau in seinem Tagebuch: „Wenn die Stände sich mehr mischten, würde es amüsanter [...]. Von allen Klassen der hiesigen Bevölkerung besucht, aber doch ganz anständig." Die Maskenbälle fanden über lange Zeit regelmäßig statt, und auch als Großherzog blieb Ludwig IV. ihnen treu. Wenige Tage vor seinem Tod im März 1892 vermerkte er in seinem Tagebuch, dass er sich bis in den frühen Morgen „amüsiert habe".

Schriftsteller Eric Barnert recherchiert gern zur Darmstädter Stadtgeschichte.

1890 ging der Saalbau in städtische Regie über, 1903 bekam er mit der grünen Linie auch eine Anbindung an die Darmstädter Straßenbahn.

Der Saalbau war nur die erste von zahlreichen Festhallen. 1878 wurde für die Gattin von Großherzog Ludwig IV., Alice von Großbritannien und Irland (1843-1878), die das Rollschuhfahren liebte, der privat betriebene „Skating Ring" erbaut. Da sie jedoch noch im selben Jahr starb, wurde daraus das „Varieté Orpheum" – in dem später unter anderem die Comedian Harmonists auftraten. Auf dem damaligen Exerzierplatz (heute etwa auf der Höhe Berliner Allee 8) ließen die Stadtherren später durch den Architekten Paul Meyer (1891-1980) eine noch größere Festhalle errichten, die bis zu 4.000 Zuschauer fasste. Als diese zusammenzubrechen drohte, wurde sie durch eine noch größere ersetzt, die fast

5.300 Menschen aufnehmen konnte. Es war die größte jemals in Darmstadt errichtete Halle.

Saalbau, Orpheum, Festhalle – sie alle ereilte dasselbe Schicksal: In der Brandnacht am 11. September 1944 wurden sie zerstört – und auch nicht mehr wiederaufgebaut. „Das sorgte für Probleme in Darmstadt: Räumlichkeiten für Großveranstaltungen und Kongresse gab es in der Nachkriegszeit nicht mehr", sagt Eric Barnert. Diese Lücke füllte erst mehr als ein halbes Jahrhundert später das 2007 fertiggestellte Kongresszentrum Darmstadtium.

Bleibt allerdings eine Frage offen: In Darmstadt gibt es eine Saalbaustraße. Diese führt jedoch gar nicht an dem Ort vorbei, an dem die Saalbau-Festhalle stand. „Als ich begann, mich mit dem Bau zu beschäftigen, dachte ich, das wäre einfach nur eine weitere skurrile Marotte der Darmstädter, die etwa das Bismarck-Denkmal nicht auf einen Bismarcks-Platz stellen, sondern auf den Ludwigsplatz", sagt Barnert schmunzelnd. Doch ganz so zufällig ist die Benennung nicht, denn die erwähnte Straße hat ihren Namen tatsächlich dem Saalbau zu verdanken und führte einstmals auch direkt daran vorbei: Der südliche Teil der Saalbaustraße wurde erst 1968 in „Stauffenbergstraße" umbenannt. Der Grund: Durch den Bau des Staatstheaters auf dem ehemaligen Gartengelände des Neuen Palais wurden die Nord- und Südhälfte der Saalbaustraße voneinander getrennt. Deshalb bekam die Straße nun im Süden einen neuen Namen. „Dass die Saalbaustraße die Hälfte ihrer Strecke an den Hitler-Gegner und Namensgeber Claus Schenk Graf von Stauffenberg abgeben musste, damit kann ich gut leben", sagt Eric Barnert.

Michael Kibler

Hier stand der Saalbau:

Er befand sich in der heutigen Stauffenbergstraße 62.

Die Brauerei Karl Fay war eines der Unternehmen im ehemaligen Brauereiviertel Darmstadts.

Brauerei Fay

Ein gutes Bier, das gab es – hier

Wenn Niels Springer vom Hochzeitsturm den Lucasweg hinabblickt, erfasst ihn manchmal ein wenig Wehmut: „Da, wo jetzt die Hochhäuser aus den Siebzigerjahren stehen, befand sich früher einmal das Zentrum der Darmstädter Braukunst", sagt er. Dann deutet er auf das Haus „Lucasweg 6" und fährt fort: „Von dort bis runter an die Dieburgerstraße zog sich damals das Gelände der Brauerei Karl Fay." So lautete auch deren Geschäftsadresse: Dieburger Straße 73/79.

Das Brauereiwesen hat in Darmstadt eine lange Tradition und

Wo sich einst zahlreiche Brauereien angesiedelt hatten, wurden seit Mitte der 70er-Jahre Wohnhäuser gebaut.

reicht zurück bis ins ausgehende 16. Jahrhundert. Mitte des 17. Jahrhunderts gab es bei den Heinern vier gewerbliche Bierbrauer, die sich sogleich in einer Zunft zusammenschlossen, um gegen private Konkurrenz gewappnet zu sein. 1690 waren es bereits zehn, 1715 schon 19. Es kamen noch weitere hinzu, so auch der Vorläufer der Brauerei Karl Fay. Offensichtlich stieg der Bierdurst der Darmstädter schneller als die Einwohnerzahl.

„Die Wiege der späteren Brauerei Fay war die Sudstätte *Gasthaus zum schwarzen Adler*", erklärt Niels Springer. Sie wurde 1742 in der Alexanderstraße 23 gegründet, rund 750 Meter westlich des Standorts in der Dieburger Straße. 1879 ging sie an Carl Fay über. Die Familie Fay führte das Unternehmen die folgenden 75 Jahre. „Zunächst machte Carl Fay aus dem schwarzen Adler einen goldenen", weiß Niels Springer. Nach Carls Tod wechselte die Brauerei zunächst häufig den Namen. Kontinuität kehrte erst im Jahr 1916 ein, als aus dem führenden ‚C' ein ‚K' wurde, in der „Brauerei Karl Fay GmbH". Grund für den Buchstabenwechsel war, dass Carls Sohn Karl nun das Ruder in die Hand genommen hatte.

Zu diesem Zeitpunkt war die Brauerei bereits in die Dieburger Straße umgezogen, ebenso auch zahlreiche andere Sudhäuser. Der Grund: Diese Region der Stadt ist eine der wenigen, die auf massivem Felsen steht. Deshalb wurden dort in der Mitte des 19. Jahrhunderts Felsenkeller ins Erdreich geschlagen. Die größten Vorteile: ein konstant kühles Klima von rund zwölf bis 14 Grad Celsius und ein vorhandener Abwasserkanal. Denn zu dieser Zeit lag die Erfindung der Eismaschine noch ein paar Jahrzehnte in der Zukunft. Und anfangs waren diese Maschinen auch noch kaum bezahlbar. Preiswerter war es da, im Winter aus dem nicht weit entfernt gelegenen innerstädtischen See „Woog" Eisblöcke zu stechen, mit dem Pferdewagen heranzukarren und in die Keller hinabzulassen, um die Temperatur noch etwas abzusenken. Das Prinzip funktionierte.

Die Lagerstätten im Felsenkeller waren perfekt, doch die Brauereien mit unterschiedlichen Standorten in der Stadt mussten das Bier per Pferdewagen quer durch die Stadt kutschieren. Das wurde bald zu mühsam, deshalb verlagerten sie, wenn sie expandierten, ihren Sitz gleich ganz über die Felsenkeller – wie eben auch die Brauerei Karl Fay. Die Keller wurden zunehmend überflüssig, als Kältemaschinen Anfang des 20. Jahrhunderts im großen Stil industriell und damit bezahlbar produziert wurden. In den folgenden Jahrzehnten nutzten die Darmstädter die unterirdischen Gewölbe zu anderen Zwecken: als billige Tunnel für Abwasser, als Luftschutzkeller, als Diskothek, als nicht ganz ungefährlichen Abenteuerspielplatz und – als Fledermausbiotop. In den späten Siebzigern dienten sie auch der Entsorgung des Bauaushubs. Nach dem Zweiten Weltkrieg gerieten die „Katakomben", wie die Darmstädter und das Stadtmarketing sie manchmal despektierlich nennen, zunehmend in Vergessenheit.

Erst Ende der 70er-Jahre des vorigen Jahrhunderts begann eine systematische Erforschung dieser Keller, von denen kaum noch Unterlagen existierten. „Auch ich beteilige mich daran, die Gewölbe zu erforschen und zu kartografieren", sagt Niels Springer.

Um die Wende zum 20. Jahrhundert war Darmstadt eine Hochburg der Braukunst gewesen: Im Jahr 1900 gab es 16 Brauereien; bezogen auf das heutige Stadtgebiet mit den Eingemeindungen waren es sogar 31. Doch mit der Industrialisierung setzte auch eine Konzentration der Braubetriebe ein. 1930 gab es gerade noch sieben Brauereien, sechs überstanden den Zweiten Weltkrieg, eine davon: Karl Fay. 1955 wurde sie von der Brauerei Apostel Bräu in Worms übernommen. Bis in die späten 60er-Jahre braute der Betrieb dort noch Bier. Ein Teil der ehemaligen Fay'schen Braukeller wurden später als Diskothek genutzt. Doch der sogenannte „Internationale Studentenkeller“ (ISK) musste schließen, da die Stadt auf den Grundstücken der ehemaligen Brauereien 1975 mit dem Bau der Hochhäuser begann. Damit verschwanden auch die Brauerei-Gebäude. Und mit ihnen jene der Brauereien J. Dischinger und Gebrüder Wiener. Heute überziehen das ganze Areal Wohnblöcke, die dann auch neue Wege hervorgebracht haben, wie etwa den Hoetgerweg.

„Doch etwas erinnert noch an das rege Brauereileben Darmstadts, der ehemalige Hugenschütz, der später zum Biergarten der Wiener Kronenbrauerei wurde.“

„Doch etwas erinnert noch an das rege Brauereileben Darmstadts“, freut sich Niels Springer: „Der ehemalige *Hugenschütz*, der später zum Biergarten der Wiener Kronenbrauerei wurde.“ Heute heißt er einfach nur noch „Der Biergarten“ – an der Ecke Dieburger Straße / Spessartring.

Michael Kibler

Hier stand die Brauerei Fay:

Sie befand sich entlang des Lucaswegs ab der Hausnummer 6 bis hinunter an die Dieburger Straße.

So sah das Wagenausbesserungswerk um 2000 von oben aus - eine mächtige Anlage, von der heute nur noch der Wasserturm und die beiden Spitzbunker erhalten sind

Wagenausbesserungswerk

Das Ende einer Ära

Darmstadt ist vieles: Wissenschaftsstadt, Jugendstilstadt und seit 2021 offiziell UNESCO-Weltkulturerbestätte. Doch die Heimat der Heiner bietet auch eine spannende Industriegeschichte. Was kaum einer weiß: Darmstadt war mal eine richtige Eisenbahnerstadt, eine Drehscheibe des Fernwehs. Und es war auch nicht die Mathildenhöhe, die Darmstadt zu dem gemacht hat, was es heute ist. Es war die Eisenbahn.

In ihrer 160 Jahre währenden Geschichte als Eisenbahnerstadt war Darmstadt aber nie bloß Haltestelle, nein: Von hier aus wurden

Von der ehemaligen Bebauung ist bis auf Bunker und Wasserturm nichts mehr zu sehen. Das Knell-Gelände wurde bis 2007 geräumt und danach Stück für Stück wieder bebaut.

Loks und Lokführer eingesetzt, Maschinen gewartet und repariert. Bis Anfang der 1950er-Jahre des 20. Jahrhunderts war die Eisenbahn sogar der größte Arbeitgeber in Darmstadt. Mehr als 5.000 Menschen waren im Lok- und im Wagenausbesserungswerk sowie im Bahnbetriebswerk beschäftigt. Das Lokwerk auf dem Gelände der heutigen Starkenburgkaserne schloss allerdings in den 1950ern. Etwa ein halbes Jahrhundert später folgte dann das Wagenwerk – die Knell.

Dieses für die Eisenbahn so wichtige Gelände an der Frankfurter Straße hat eine bewegte Geschichte. Bis zuletzt hatten Arbeiter im dortigen Eisenbahn-Ausbesserungswerk Radsätze instandgesetzt. Dabei entstand ein knallender Lärm, der bis in das angrenzende Johannesviertel hinüberhallte. Dieses nicht unbedingt beliebte Geräusch brachte dem Gelände die Bezeichnung „Knell" ein. „Das Andienungsgleis führte am Sensfelder Weg entlang", erklärt Christoph Beck. Um ins Ausbesserungswerk zu gelangen, fuhren die Züge über die beschrankte Pallaswiesenstraße, „bis auf das Gelände des heutigen Autohauses

Brass“, sagt der Denkmalpfleger und Stadtplaner. Dort wendeten sie und fuhren zurück. Denn nach der Eröffnung des neuen Hauptbahnhofes war der alte Streckenteil der Verbindung nach Aschaffenburg, an dem das Werk gebaut wurde, aufgehoben worden. Nun lag das Bahnwerk etwas isoliert innerhalb der Stadt und war zuletzt nur noch über den Sensfelder Weg zu erreichen.

Erst vergleichsweise spät, im Juni 2000, war damit Schluss. Zwar hatten Arbeiter und Gewerkschaft seinerzeit sehr für den Erhalt der Arbeitsplätze gekämpft, doch die Deutsche Bahn AG machte das Ausbesserungswerk dicht. Damit zog das Leben aus dem rund 15 Hektar großen Gelände aus. Die Gebäude verwaisten, verfielen in der Folge. Und das schmerzt Christoph Beck bis heute. Denn die Hallen waren schön gestaltet, eindrucksvolle Bauten der damals typischen Industriearchitektur. „Bei den wenigen Führungen gab es regelmäßig Begeisterung“, weiß der Wahl-Bessunger zu berichten. „Ich bedauere sehr, dass die Hallen komplett verschwunden sind.“ Die historische Prägung des Geländes, ist er überzeugt, hätte man in die Moderne überführen und damit ein Stück Darmstädter Identität als Eisenbahnerstadt erhalten können.

Die Eisenbahngeschichte der Stadt beginnt Mitte des 19. Jahrhunderts. Der 1. August 1846 war ein wichtiger Tag für Darmstadt und die Region. Denn an diesem Tag erhielt die Stadt einen Anschluss an die Main-Neckar-Bahn und damit an das sich langsam formierende deutsche Eisenbahnnetz. Das war der Startpunkt für eine rasante Entwicklung. Vor 1846 war Darmstadt eine eher verschlafene Residenzstadt. Nicht Beamte dominierten das Stadtbild, sondern Soldaten, dazu Kasernen über Kasernen. Doch mit der Eisenbahn, da kam die Industrie. Und nur mit ihr gelang die Entwicklung hin zu einer modernen Großstadt, als die sich Darmstadt heute begreift.

Die Main-Neckar-Bahn war eine der ersten Linien in Deutschland überhaupt. Ihre Gleise wurden entlang einer bewährten Route verlegt: Die Bergstraße gehört zu den ältesten Verkehrswegen Europas; schon die Römer waren auf ihr unterwegs. Mit der Main-Neckar-Bahn konnten Passagiere aber nicht nur nach Frankfurt oder Heidelberg gelangen, sie vernetzte auch die Bergstraßengemeinden miteinander. Ein Meilenstein. Mit dem Main-Neckar-Bahnhof wurde Darmstadt zum

Knotenpunkt, im Jahr 1862 zählte er schon rund 50.000 Fahrgäste. Der Durchgangsbahnhof wurde auf der westlichen Seite des Steubenplatzes errichtet. In Richtung Süden verliefen die Gleise so wie heute die Hindenburgstraße und der Donnersbergring.

1856 begann der Bau der zweiten Eisenbahnlinie, die Mainz und damit das linksrheinische Eisenbahnnetz mit Darmstadt und Aschaffenburg verband: die Hessische Ludwigsbahn. Deren Züge fuhren ab 1858, später wurde ein Abzweig in den Odenwald gebaut. Das Gebäude des Ludwigsbahnhofs – ein Kopfbahnhof – entstand am nördlichen Ende des Steubenplatzes in unmittelbarer Nähe zum Main-Neckar-Bahnhof. Dessen Hauptgebäude war schon 25 Jahre nach Inbetriebnahme zu klein und wurde aufgestockt. Zwischen 1872 und 1875 kamen südlich der Rheinstraße ein Güterbahnhof und ein Lokschuppen hinzu. Das Eisenbahn-Ausbesserungswerk, die Knell, war im Februar 1873 als zentrale Werkstätte der Hessischen Ludwigsbahn an der Strecke Darmstadt-Aschaffenburg in Betrieb genommen worden. Der Bedarf war da.

Durch den Schienenverkehr hat sich Darmstadt innerhalb von nur 30 Jahren rasant entwickelt. Keine andere Erfindung hat die Welt so schnell und so gründlich verändert wie seinerzeit die Eisenbahn, nicht das Auto, nicht die Anwendung der Elektrizität. Die Züge ermöglichten das Zurücklegen langer Strecken in kurzer Zeit. Das veränderte die Wahrnehmung von Zeit und Raum, die Eisenbahn stellte wirtschaftliche und soziale Verhältnisse auf den Kopf, beschleunigte den Alltag und die Geschichte. Stahl und Kohle konnten in großem Stil angeliefert werden, die Main-Neckar-Eisenbahn brachte außerdem Arbeit für die Menschen, nicht zuletzt für Bewohner an der Bergstraße und im westlichen Odenwald. Die Folgen: wirtschaftlicher Aufschwung und ein enormer Bevölkerungsanstieg.

Auf der Knell und in der Lokwerkstatt am Dornheimer Weg schufteten noch bis in die 1950er-Jahre Schlosser, Schweißer, Kranführer und andere Facharbeiter. Doch dieses Eisenbahnmärchen sollte nicht für immer dauern, die Aufgaben wurden im Laufe der Zeit immer weniger. Das Ende dieser jahrzehntelangen, identitätsstiftenden Ära kündigte sich langsam an. 1970 etwa hatte das Bahnbetriebswerk Darmstadt seine letzten Dampfloks abgegeben – ein Zeichen, dass die

Tradition einer bedeutenden Eisenbahnerstadt nach und nach zu Ende ging. 30 Jahre später folgte eben das Aus für das Ausbesserungswerk. Einen wesentlichen Anteil am Niedergang hatte die Privatisierung der Bahn im Jahr 1994. Doch das ist eine andere Geschichte.

Zurück zur Knell: Was sollte nun mit diesem 15 Hektar großen Gelände geschehen? Pläne für die Stadtentwicklung hatte die Verwaltung seinerzeit durchaus, dafür gab es verschiedene Szenarien. Ziel war ein umfangreicher Stadtumbau, der durch eine Rochade erreicht werden sollte. Zunächst einmal sollte der Messplatz von der Alsfelder Straße auf die Knell verlegt werden, erinnert sich Christoph Beck. „Der neue Messplatz sollte in Verbindung mit einer Teilnutzung der ehemaligen Richthalle aufgewertet und der Öffentlichkeit besser zugänglich gemacht werden", heißt es in einer von ihm verfassten Dokumentation der im November 2001 eigens dafür eingesetzten Planungswerkstatt des Stadtplanungsamtes. Auf der ursprünglichen Fläche des Messplatzes wiederum wurde neuer Wohnraum geplant. Aus dem gleichen Grund sollten darüber hinaus die städtischen Ver- und Entsorgungsbetriebe auf der Knell gebündelt werden.

Doch der benachbarte Chemie- und Pharmakonzern Merck beziehungsweise die Seveso-II-Richtlinie machten diese Gedanken zum Teil gegenstandslos. Die Richtlinie geht auf einen schweren Chemieunfall in der gleichnamigen Stadt in Italien zurück und fordert für bestimmte Nutzungen unter anderem einen Sicherheitsabstand zu Chemieanlagen – in diesem Fall zu Merck. Möglich ist nur eine eingeschränkte Nutzung, Wohnbebauung oder Publikumsverkehr wie in Sporthallen und Supermärkten sind ausgeschlossen. Die Messplatz-Idee war gestorben.

Im westlichen Teil konnte die Entwicklung dagegen voranschreiten, nachdem das gesamte Knell-Gelände bis 2007 geräumt war. Zunächst errichtete die HSE (heute Entega) dort ihre neue Hauptverwaltung, die im Herbst 2009 bezogen wurde, im Jahr darauf entstand außerdem ein modernes Gasturbinenkraftwerk. Im Nordwesten errichtete der Eigenbetrieb für kommunale Aufgaben und Dienstleistungen (EAD) 2011 seine neue Zentrale. Auf dem südlichen Teil des Geländes stehen heute Unternehmen der Nahversorgung der angrenzenden Wohngebiete.

Auch das restliche Gelände hat inzwischen weitgehend eine neue Bestimmung gefunden. Drei Darmstädter Unternehmen werden das Areal künftig prägen: Neben Entega baut die Isra Vision AG auf 15.000 Quadratmetern ein Bürogebäude mit Laboren und angeschlossener Montagehalle sowie einem Mitarbeiter-Parkhaus. Gegenüber errichtet Merck ein Aus- und Weiterbildungszentrum für seine Azubis. Auch die Frankfurter Straße soll ein neues Gesicht erhalten – als Allee mit breitem Fußgänger- und Radweg.

Das Bahnwerk, das einst fast die Größe eines ganzen Stadtteils hatte, ist heute vollständig verschwunden. An frühere Zeiten erinnern vor Ort nur noch der alte Wasserturm, der laut Plan allerdings vom Isra-Gebäude umschlossen werden soll, und die beiden Spitzbunker aus dem Zweiten Weltkrieg. „Sie stehen unter Denkmalschutz", betont Christoph Beck. Reminiszenzen an das Eisenbahnausbesserungswerk – die gibt es nicht. Es ist längst in Vergessenheit geraten. „Schade", findet der Stadtkenner. Schließlich war das Ausbesserungswerk der Rest einer traditionsreichen Vergangenheit Darmstadts als Eisenbahnerstadt.

Lediglich indirekt zeugen heute noch die vielen Eisenbahnerwohnungen von der einstigen Geschichte, und die EisenbahnerBaugenossenschaft ist ein beliebter Vermieter geworden. „Die Siedlungen", erklärt Christoph Beck, „prägen ganze Stadtteile wie die Waldkolonie und stehen teilweise unter Denkmalschutz." So gesehen bleibt wenigstens ein kleiner Teil der Geschichte bewahrt.

Kerstin Schumacher

Hier befand sich das Wagenausbesserungswerk:

Die Gebäude und Hallen standen auf der Knell, einem Gelände zwischen Frankfurter Straße und Sensfelder Weg, sowie Kasinostraße und Carl-Schenck-Ring.

Diese Wohnhäuser lagen am alten Verlauf der Kirchstraße.

Wohnhäuser Kirchstraße

Gebäude müssen Cityring weichen

Ein wenig scheint das Foto in Schwarz-Weiß aus der Zeit gefallen zu sein: Zwar sind die Stadtkirche links und auch das Gebäude am rechten Bildrand heute noch zu sehen, doch befindet sich das Haltestellenschild für die Straßenbahn direkt neben der Stadtkirche – das ist Geschichte. Auch die nach Groschen hungrige Parkuhr daneben ist als historisch zu betrachten. Zahlreiche Autos stehen vor dem Gotteshaus – kein Zustand, der heute noch geduldet würde. Und natürlich fällt der Blick auf die Häuser: Sie stammen aus den 1950er-Jahren. Ihnen war aber offenbar keine lange

Wo die Häuser standen, führt der Cityring ohne Schlenker direkt in die Holzstraße nach Norden.

Lebenszeit beschieden, sind sie doch auf dem Bild von heute schon wieder verschwunden.

Auf der die gegenwärtige Situation zeigenden Fotografie lugen andere Wohnhäuser hinter der Kirche hervor: An der – nun deutlich breiteren – Holzstraße ziehen sie sich eher wuchtig und klobig entlang nach Norden in Richtung des historischen Gebäudes der Darmstädter „Krone".

Die Erklärung für den architektonischen Unterschied auf den beiden Fotos: Die Nachkriegs-Wohnhäuser waren im Weg, als Darmstadt eine kühne und seinerzeit sehr progressive Idee in die Tat umsetzte: Die Innenstadt sollte eine Fußgängerzone werden, eine Oase zum Flanieren. 1969 entschied sich die Stadtverordnetenversammlung dafür, das Projekt „Cityring" anzugehen. Hinter dem Begriff stand der Gedanke, im Rechteck Wilhelminenstraße, Hügelstraße, Kirchstraße/ Holzstraße/Schlossgraben, Zeughausstraße und wieder zurück in die Wilhelminenstraße einen Ring von Einbahnstraßen zu legen.

Damals hatte der Entwurf etwas Revolutionäres. Auf einer Innenstadtfläche von 500 mal 500 Metern – also dem Areal von rund 40 Fußballfeldern – sollte der individuelle Autoverkehr ausgesperrt werden.

Bis zu diesem Zeitpunkt fuhren die Autos noch mitten durch die Stadt: über den Luisenplatz, um das Schloss herum, die Wilhelminenstraße hinauf, die Luisenstraße hinab und auch noch auf Kopfsteinpflaster über den Friedensplatz am Löwendenkmal vorbei. Fußgänger und Radler mussten sich den verfügbaren Platz mit der Blechlawine teilen. Ampeln und Zebrastreifen boten zwar eine gewisse Ordnung im Trubel – doch auch mächtig Stoff für Konflikte.

Baustufe 1 des Cityrings: Tunnel und Tiefgarage unter dem Luisencenter.

Zunächst war noch nicht entschieden, ob der Cityring nicht doch besser oberirdisch geführt werden sollte. Doch besonders im Bereich der Wilhelminenstraße wäre das Durcheinander von starkem Autoverkehr, querenden Fußgängerströmen und in dichter Folge verkehrenden öffentlichen Verkehrsmitteln nicht mehr unter einen Hut zu bringen gewesen.

Noch ein weiterer Beschluss beeinflusste die Entscheidung. Das Grundstück entlang der Wilhelminenstraße zwischen Luisenplatz und Hügelstraße, bestehend aus einer Grünfläche und Buden des Einzelhandels, sollte einem riesigen Gebäude weichen. Eine Shoppingmall, ein Karstadt-Kaufhaus und das Rathaus sollten unter einem Dach vereinigt werden: dem Luisencenter). Nun galt es, darunter eine Tiefgarage mit über 800 Plätzen und eine Anliefermöglichkeit für Kaufhaus und Geschäfte zu schaffen. Nach umfangreichen Untersuchungen entschloss sich die Stadt zu der aufwendigen, aber städtebaulich und verkehrstechnisch zukunftsweisenden Tieferlegung des automobilen Individualverkehrs. Die Idee des Tunnels unter der Wilhelminenstraße wurde konkret. 1975 begannen daher die Bauarbeiten für den ersten von drei Bauabschnitten: Tunnel und Luisencenter. Bereits Ende August 1977 wurden beide der Öffentlichkeit übergeben.

Teile der Bevölkerung betrachteten den Bau des Luisencenters durchaus kritisch. 24.000 Quadratmeter genutzte Fläche sind heute von einem Betonkleid umgeben. Allein schon, dass seine Außengrenzen wahre Grenzen sind, man also nicht von außen in die einzelnen Geschäfte eintreten kann, sondern nur durch einige wenige Zugänge – das verfestigte die Wahrnehmung einer Burg, die Eindringlingen eher zu trotzen scheint, als Besucher willkommen zu heißen. Auch die Modernisierung aus den Jahren 2001 und 2002 veränderte den grundsätzlichen Eindruck in den Augen vieler Innenstadtbesucher nicht.

Die Autofahrer auf dem unterirdischen Teil des Cityrings bekommen den Koloss gar nicht zu Gesicht: Sie durchqueren den dreispurigen Tunnel. Zwei Spuren führen nach Osten dem Ring folgend auf die Hügelstraße, die im zweiten Bauabschnitt auf drei Spuren verbreitert wurde.

Die dritte und letzte Etappe betraf die Verbreiterung der Kirchstraße und der Holzstraße, die nach dem Abbiegen von der Hügelstraße nach Norden führen. Hierzu mussten die an der Kirchstraße stehenden Wohngebäude abgerissen werden. Das abgebildete Foto ist wohl eines der letzten mit diesem Motiv, denn es wurde 1978 aufgenommen, in dem Jahr, in dem die Bauarbeiten begannen. Diese Wohnhäuser waren die einzigen Gebäude, die dem Cityring zum Opfer fielen – wenn man von den Verkaufsbuden und Baracken absieht, die am Rand der Grünfläche gestanden hatten, ehe es das Luisencenter gab.

Bis zur Fertigstellung des Cityrings führte die Kirchstraße in einer scharfen Biegung nach links an der Stadtkirche vorbei, wie auf dem historischen Bild zu erkennen ist. Nach der Kurve führte die Straße zwischen der Häuserzeile linker Hand und dem Marktplatz rechts bis zum Schloss. Doch der letzte Bauabschnitt änderte den Streckenverlauf drastisch: Die Kirchstraße ging nun direkt in die Holzstraße über.

Und sie wurde zweispurig ausgebaut. Auch die Straßenbahngleise führten nun entlang dieser neuen Trasse. Fußgänger und Fahrradfahrer können diese gefahrlos unterqueren.

Im Erdgeschoss der historischen Häuser residierten Geschäfte – wie auch heute in den Neubauten. In die Schlagzeilen geriet am 14. Februar 1957 das damals dort ansässige Lebensmittelgeschäft „Schade & Füllgrabe", denn die Kurve vor der Eingangstür hatte es in sich: Im Süden Darmstadts, drei Kilometer entfernt, löste sich an diesem Tag an der Straßenbahnstation „Böllenfalltor" ein Straßenbahnanhänger. Diese Haltestelle liegt rund 40 Meter höher als das Kaufhaus. Und so rollte der Wagen abwärts nach Norden in Richtung Stadt. Im Innern saß lediglich Schaffner Robert Spahn, der nichts anderes tun konnte, als an der Leine zu reißen, die die Glocke läutete. Denn mit der Handbremse ließ sich die Fahrt des immer schneller werdenden Wagens nicht mehr aufhalten. Der Anhänger schaffte es tatsächlich durch die Biegung am Roßdörfer Platz, nahm auch noch die folgende rund ums Ludwig-Georg-Gymnasium mit Bravour – doch dann war Schluss: Die Kurve um die Stadtkirche herum war zu eng, die Geschwindigkeit zu hoch, der Wagen flog aus dem Gleis und landete im Schaufenster von „Schade & Füllgrabe". Schaffner Robert Spahn kletterte am Unfallort aus dem Anhänger – unverletzt, wie zum Glück auch alle anderen Zeugen des Unfalls.

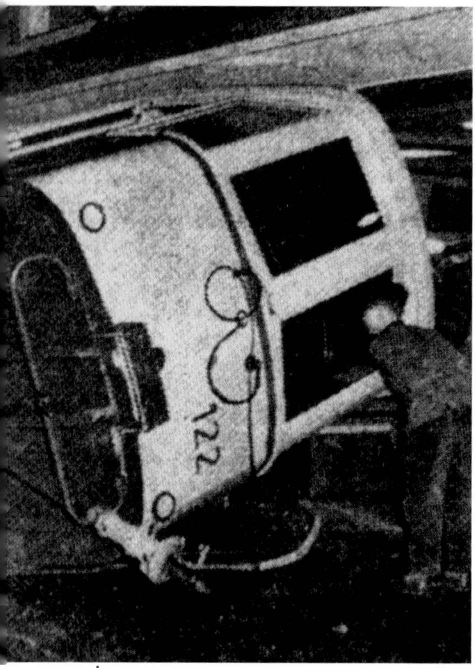

Am 14. Februar 1957 entgleiste in der alten Kurve ein Straßenbahnwagen und kippte ins Schaufenster.

Die Vollendung des Cityrings durch Kirch- und Holzstraße wirkt seit seiner Freigabe im Jahre 1980 manchmal eher wie der Ausläufer einer Autobahn: Zweispurig durch die Stadt, da hat sich der eine oder andere Autofahrer schnell ein Ticket durch die Blitzer der Polizei eingefangen. Dass es immer wieder verwegene Fußgänger und Fahrradfahrer gibt, die diese oberirdische Trasse überqueren, anstatt die Unterführung zu nutzen, hat nicht selten zu gefährlichen Situationen geführt. Nach einem Unfall im Februar 2019, bei dem eine Frau beim Überqueren der Straße getötet wurde, erließ die Stadt auch auf der Kirch- und Holzstraße Tempo 30. Eine Maßnahme, die für den Cityring ab Einfahrt in den Tunnel bereits zwei Monate zuvor eingeführt worden war – dort jedoch aus umweltpolitischen Gründen.

Eigentlich gehört der Tunnel den Autos. Aber nicht, wenn die „Lilien“ aufsteigen, wie hier 2015 in die erste Bundesliga.

Unterm Strich hat sich die Idee, den Alltags-Autoverkehr aus der Innenstadt zu verbannen, sicher bezahlt gemacht – gibt es doch kaum eine Großstadt, die heute nicht ebenfalls über ausgewiesene Fußgängerzonen verfügt. Und manchmal erobern die Heiner sogar den Tunnel zu Fuß: Wenn der Darmstädter Fußballverein SV98, besser bekannt unter dem Namen „Die Lilien“, einen Aufstieg in die nächste Liga geschafft hat – wie etwa 2015. Dann hält die Darmstädter nichts mehr und man trifft sich im Tunnel zum Feiern. So ticken sie halt, die Heiner.

Michael Kibler

Hier standen die Wohnhäuser:

Sie befanden sich auf den Grundstücken Kirchstraße 8 und 10.

Der Poststeg am Darmstädter Hauptbahnhof – seinerzeit der Zeit voraus.

Poststeg

Drehkreuz für Briefe und Pakete

Es war ein großes Ereignis, als im April 1912 der neue Hauptbahnhof in Betrieb genommen wurde. Kein Geringerer als Architekt Friedrich Pützer (1871-1922) konnte sich damals mit seinem Entwurf durchsetzen. Der Bahnhof lag zu dieser Zeit am Westrand der Stadt und ersetzte die beiden bisherigen Bahnhöfe Darmstadts. Heute ist ein wenig in Vergessenheit geraten, dass in diesem Jahr nicht nur der Hauptbahnhof eingeweiht wurde, sondern auch das Postamt auf dem nördlichen Bahnhofsareal. Der Bau verlieh der an ihm entlang verlaufenden Straße sogar seinen Namen: Post-

1994 wurde der Poststeg abgerissen. Es bleibt – der freie Blick auf die Dornheimer Brücke und den Wasserturm…

straße. Architekt des Bauwerks war der Frankfurter Friedrich Sander.

Der Hauptbahnhof war seinerzeit eine außergewöhnliche Konstruktion: Die Gleise für die Züge lagen quasi im Keller, ein breiter Querbahnsteig führte (und führt) über die Schienen hinweg. Von dort erreich(t)en die Reisenden „ihren" Bahnsteig via Treppe.

Zwischen den Perrons für Personen befinden sich jeweils schmalere Bahnsteige. Auf diesen etwas tiefer gelegenen Bahnsteigen wurde damals das Gepäck zu den Gepäckwagen gebracht, dort konnten Kisten und Koffer direkt zum Gepäckwagen gefahren werden, ohne dass wartende Passagiere den Weg behinderten. Dasselbe galt für Paket- und Briefpost. Bereits bei der Konstruktion des Bahnhofes hatten die Planer auch deren schnelles Be- und Entladen auf dem Schirm gehabt: Ein spezieller Poststeg verband die Gepäckbahnsteige an deren nördlichem Ende direkt mit dem Hauptpostamt. Auch er führte quer über die Gleise. In seinen Stützen befanden sich Lastenaufzüge, in denen die beladenen Karren flott nach oben und unten gebracht wurden. So ließen sich die Rollwagen auf direktem Weg zwischen Postamt und den Zügen bewegen, ebenfalls ohne Behinderung durch und für Reisende. Vier Meter war der Poststeg breit und 115 Meter lang.

Das Hauptpostamt war seit seiner Eröffnung Drehkreuz für ankommende und abgehende Sendungen. Auch damals schon war es eine logistische Herausforderung, jene möglichst schnell weiterzuleiten. Einst war die Eisenbahn das Mittel der Wahl für die Post, denn vor dem Zweiten Weltkrieg war sie sehr viel schneller und zuverlässiger als jeder Lastwagen. Und so fuhren die Züge samt Reisenden, Gepäck, Paketen und Briefen Richtung Mainz, Frankfurt, Heidelberg, Aschaffenburg – das System schien perfekt.

Das Ensemble des neuen Hauptbahnhofs in den 1920er-Jahren. Der Poststeg ist rechts im Bild – zwischen Bahnhofshalle und Brücke – gut erkennbar.

Das Ende des Poststegs kam schleichend mit dem wachsenden Anteil des Lkw-Verkehrs. Offiziell stillgelegt wurde der Steg, als die Bahn Anfang der 1990er-Jahre in Personenzügen keine gesonderten Gepäckwagen mehr betrieb. Zwischen 1990 und 1993 wurde das alte Postamt um einen Bau erweitert, der viermal größer war als das alte Gebäude. Besonders markant: Rampen mit Rolltoren, an denen die Post-Lkws zum Be- und Entladen direkt andocken konnten.
Mit der Privatisierung der Deutschen Bundespost und der Gründung der Deutschen Post AG am 2. Januar 1995 verlagerte die Post den Transport zunehmend auf die Straße. Mit der Einstellung der Bahnpost zum Fahrplanwechsel am 31. Mai 1997 endete in Deutschland die Briefbeförderung auf der Schiene und damit eine rund 150 Jahre währende enge Verbindung zwischen dem Eisenbahn- und Postwesen.

Bereits im September 1992 beantragte ein von der Deutschen Bundespost beauftragter Architekt den Abbruch des Poststegs. Doch die städtische Denkmalschutzbehörde fuhr einen vorläufigen Sieg ein: Im Februar 1993 lehnte sie den Antrag ab. Die Stadt Darmstadt hatte sich nämlich ihrerseits im Rahmen einer städtebaulichen Neugestaltung des gesamten Bahnhofsumfeldes schon Gedanken über eine andere Verwendung des Poststegs gemacht. Auch Architekturstudenten der Fachhochschule hatten die Idee, im Steg ein Bistro oder eine Ladenpassage unterzubringen. Freunde des Stadtmuseums setzen sich ebenfalls für den Erhalt ein, der Inhaber des „Café Kesselhaus" wollte sogar eine Poststeg-Disco gründen. Der Verein „Pro Bahn" schließlich erwog, die Räume als Fahrgastinformationszentrum zu nutzen.

Als das Hessische Landesamt für Denkmalpflege sich ebenfalls weigerte, den Poststeg aufzugeben, wandte sich die Post an das Hessische Ministerium für Wissenschaft und Kunst – und dort erhielt sie im November 1993 das gewünschte Plazet. Die Erhaltung des Kulturdenkmals sei wegen ungewisser Nutzungsaussichten nicht zumutbar, befand das Ministerium. „Dem entgegnen die städtischen Denkmalschützer, dass eine Zerstörung des Poststeges teurer wäre als die Erhaltung", so die *Frankfurter Allgemeine Zeitung* vom 27. Januar 1994.

Schließlich scheiterte der Erhalt des Poststegs an den Auflagen. Sie „hinderten die Denkmalfreunde am sachlichen Vollzug ihrer Pläne. Ihnen erlegten die Bahnoberen auf: Stahlträger über die gesamte Poststeg-Länge einzubauen – wollten sie zum Zuge kommen. Eine unerfüllbare und darüber hinaus unsinnige Auflage, mit dem Ziel, den Poststeg möglichst schnell beseitigen zu können, bevor eine breitere Öffentlichkeit dies verhindert hätte", so schreibt es die *Zeitung für Darmstadt* im Mai 1994. Die Denkmalschützer konnten sich nicht durchsetzen, allen voran der damals leitende Denkmalschützer der Stadt Darmstadt, Nikolaus Heiss. Der Poststeg stand auf der Abschussliste. Dabei sprach aus Sicht des Denkmalschutzes alles für den Erhalt des Bauwerks: Brückenkonstruktionen wie in Darmstadt – und übrigens auch in Hamburg – waren zur Bauzeit des Hauptbahnhofs in Darmstadt eine seltene Ausnahme.

Während die Abbauarbeiten 1994 bereits im Gange waren – als erstes wurde das Dach demontiert –, setzten die Demonstranten noch

Zeichen, insbesondere durch Graffiti. Doch der Poststeg wurde schließlich komplett abgerissen. Heute erinnert nichts mehr an die historische Architektur. Aber immer noch fährt die Bahn nach Norden, nach Süden, nach Westen Richtung Mainz, nach Osten Richtung Aschaffenburg.

Michael Kibler

Hier befand sich der Poststeg:

Er führte am nördlichen Ende der Bahnsteige des Hauptbahnhofs über die Gleise hinweg direkt in das alte Postamt in der Poststraße 6 hinein.

Quellen, Literatur, Bildnachweis

(adp): „Pfenniggeschäft, das für saure Mienen und Erträge sorgt". In: Darmstädter Echo vom 18.05.1985.

Beck, Christoph; Polte-Walter, Brita; Herbert, Marc: Eisenbahnausbesserungswerk „Die Knell". In: Wissenschaftsstadt Darmstadt (Hrsg.): Dokumentation der Planungswerkstatt am 7. und 8. November 2001.

Becker, Rudolf: Privatarchiv.

Bredow-Cordier, Eva: „Klinikum Darmstadt (Stadtkrankenhaus)". In: Stadtlexikon Darmstadt. URL: https://www.darmstadt-stadtlexikon.de/de/k/klinikum-darmstadt-stadtkrankenhaus.html. Abgerufen am 29.06.2021.

Büro für Erinnerungskultur: „Projekt Darmstädter Straßennamen". Babenhausen 2019. URL: https://f.hypotheses.org/wp-content/blogs.dir/4285/files/2019/05/Biographien_Stra%C3%9Fennamen.pdf. Abgerufen am 09.07.2021.

Comedy Hall: Über uns. URL: https://www.comedyhall.de/comedy-hall.de/ueber-uns/comedy-hall/. Abgerufen am 09.03.2021.

Darmstädter Tagblatt: Ausgabe vom 25.08.1897.

Deuster, Thomas: Die Ludwigshöhe. Der Bessunger Hausberg. Vergangenheit. Gegenwart. Zukunft. Darmstadt, 6. Aufl. 2016.

Ders.: Gewässer in und um Darmstadt. Darmstadt, 3. Aufl. 2018, S. 255.

Deutsche Friedensgesellschaft – Vereinigte Kriegsdienstgegner Darmstadt: „Arisierung". URL: https://dfg-vk-darmstadt.de/Lexikon_Auflage_2/Arisierung.htm. Abgerufen am 22.03.2021.

Deutsche Lufthansa AG: Sommer-Flugplan 1.5. – 31.8.1934. O.O. 1934.

Deutscher Bundestag: Antwort der Bundesregierung auf die Kleine Anfrage der Abgeordneten […] und der Fraktion BÜNDNIS 90/DIE GRÜNEN zum Thema Verlagerung von KEP-Verkehren auf die Schiene (Drucksache 19/32031). O.O., 19.08.2021. URL: https://www.bmwi.de/Redaktion/DE/Parlamentarische-Anfragen/2021/09/19-32031.pdf?__blob=publicationFile&v=4. Abgerufen am 14.09.2021.

(DIG): Finanzamt: Der Countdown läuft. Planung für Neubau an der Soderstraße steht – Beginn im Herbst? In: Darmstädter Echo vom 17.03.1989.

(DIG): „Datterich-Inventar wartet auf Auferstehung. Nach dem Abriß in Kartons verpackt". In: Darmstädter Echo vom 11.8.1993.

Eberstein, Bodo von: „Merck". In: Stadtlexikon Darmstadt. URL: https://www.darmstadt-stadtlexikon.de/m/merck.html. Abgerufen am 09.07.2021.

Eckhart, Franz G.: „Ludwig IX." In: Stadtlexikon Darmstadt. URL: https://www.darmstadt-stadtlexikon.de/l/ludwig-ix-landgraf-von-hessen-darmstadt.html. Abgerufen am 09.07.2021.

Eckstein, Ursula: „Flugplätze". In: Stadtlexikon Darmstadt. URL: https://www.darmstadt-stadtlexikon.de/f/flugplaetze.html. Abgerufen am 26.06.2021.

Dies.: „Zeppeline". In: Stadtlexikon Darmstadt. ULR: https://www.darmstadt-stadtlexikon.de/de/z/zeppelin.html. Abgerufen am 26.06.2021.

Engels, Peter: „Brauereien". In: Stadtlexikon Darmstadt. URL: https://www.darmstadt-stadtlexikon.de/b/brauereien.html. Abgerufen am 29.06.2021.

Ders.: „Eisenbahn". In: Stadtlexikon Darmstadt. URL: https://www.darmstadt-stadtlexikon.de/e/eisenbahn.html. Abgerufen am 20.05.2021.

Ders.: „Festhallen". In: Stadtlexikon Darmstadt. URL: https://www.darmstadt-stadtlexikon.de/f/festhallen/. Abgerufen am 21.06.2021.

Engels, Peter: „Gerichtsgebäude". In: Stadtlexikon Darmstadt. URL: https://www.darmstadt-stadtlexikon.de/g/gerichtsgebaeude.html. Abgerufen am 29.06.2021.

Ders.: Kleine Darmstädter Festgeschichte. Darmstadt 2000.

Ders.: „Michael Mittermayer". In: Stadtlexikon Darmstadt. URL: https://www.darmstadt-stadtlexikon.de/de/m/mittermayer-michael.html. Abgerufen am 09.06.2021.

Engels, Peter: „Mierendorff, Carlo". In: Stadtlexikon Darmstadt. URL: https://www.darmstadt-stadtlexikon.de/m/mierendorff-carlo.html. Abgerufen am 25.06.2021.

Ders.: „Schneller, höher, weiter. Sport in Darmstadt seit 1914". In: Ein Jahrhundert Darmstadt. Band 1: Kunst, Kultur und Kirche. Darmstadt 2020.
Ders.: „Schulwesen". In: Stadtlexikon Darmstadt. URL: https://www.darmstadt-stadtlexikon.de/sch/schulwesen.html. Abgerufen am 15.04.2021.

Engels, Peter: „Stadttore". In: Stadtlexikon Darmstadt.

URL: https://www.darmstadt-stadtlexikon.de/s/stadttore/. Abgerufen am 07.05.2021.

Ders.: „Traube“. In: Stadtlexikon Darmstadt. URL: https://www.darmstadt-stadtlexikon.de/t/traube.html. Abgerufen am 08.07.2021.

Engels, Peter; Sauer, Mona: „Palais“. In: Stadtlexikon Darmstadt. URL: https://www.darmstadt-stadtlexikon.de/de/p/palais.html. Abgerufen am 29.06.2021.

Ewald, Karl: „Das Café Oper“. In: Stirz, Maria (Hrsg.): Erlebte Vergangenheit. Darmstädter Bürger erzählen. Darmstadt 1980, S. 32-35.

Femppel, Birgit: „Weg vom Schalter, hin zu offenen Tresen“. In: Darmstädter Echo vom 26.01.1999.

(feh): „Neue Wege“. In: Darmstädter Echo vom 06.11.1971.

Fründt, Steffen: „Deutschlands erste Fußgängerzone wird 60 Jahre alt“. In: Welt vom 09.11.2013. URL: www.welt.de/wirtschaft/article121662472/Deutschlands-erste-Fussgaengerzone-wird-60-Jahre-alt.html. Abgerufen am 21.04.2021.

(GK): „In letzter Minute“. In: Heiner. September 1993.

Grimm, Immo; Reichardt, Ruth: Ins Licht gerückt … Von der Provinzial-Pflegeanstalt Eberstadt zum Teilklinikum der Stadt Darmstadt - 1903 bis 2013. Darmstadt 2013.

Haase, Yorck A.: „Hoftheater, Großherzogliches“. In: Stadtlexikon Darmstadt. URL: https://www.darmstadt-stadtlexikon.de/h/hoftheater-grossherzogliches/. Abgerufen am 25.06.2021.

Haupt, Georg: Die Bau- und Kunstdenkmäler der Stadt Darmstadt. Darmstadt 1952, S. 173-176.

Heiss, Nikolaus: „Poststeg“. In: Stadtlexikon Darmstadt. URL: https://www.darmstadt-stadtlexikon.de/p/poststeg.html. Abgerufen am 15.08.2021.

Heinz, Hans-Henning: „Die Kunsthalle am Rheintor. Eine Ortsbestimmung“. In: Kunstszene Darmstadt. Eine Zeitschrift zur Bildenden Kunst in Darmstadt. Heft 4, Juni 1987.

Helle Flecken: „Das Woog-Café Darmstadt“. URL: https://www.helleflecken.de/woog-cafe-darmstadt/. Abgerufen am 13.04.2021.

Henschel, Horst-Volker; Kempe, Stephan: Darmstadts Unterwelt. Darmstadt 2007.

Hensel, Bert: „Aus für die Datterich-Klause. Darmstädter Lokal-Kleinod nicht mehr zu retten – bald Bäckerei“. In: Darmstädter Echo vom 27.02.1993.

Herbig, Bärbel: „Eisenbahn-Ausbesserungswerk“. In: Stadtlexikon Darmstadt. URL: https://www.darmstadt-stadtlexikon.de/e/eisenbahn-ausbesserungswerk.html. Abgerufen am 12.09.2021.

Hessisches Landesamt für Naturschutz, Umwelt und Geologie: Extreme Wetterereignisse in Hessen. URL: https: www.hlnug.de/fileadmin/dokumente/klima/extreme_wetterereignisse.pdf. Abgerufen am 17.06.2021.

Honold, Klaus: „Abschied von der Eisenbahn“. In: Darmstädter Echo vom 17.11.2005.

Ders.: Drehscheibe des Fernwehs. Verkehrsgeschichte. Ein neues Buch erinnert an Darmstadts Vergangenheit als Eisenbahnerstadt. Darmstädter Echo vom 29.07.2014.

Ders.: Erste Liebe Linie 5. 120 Jahre Darmstädter Straßenbahngeschichte(n). Gudensberg-Gleichen 2006, S. 29-41.

Honold, Klaus: „Gnadenfrist für die Gebäude der Molkerei“. In: Darmstädter Echo vom 21.05.2003.

Ders.: „Gottloses Wesen soll der Wirt nicht dulden. Nach dem Abriß: Ein Rückblick auf die Traube“. In: Darmstädter Echo vom 10.11.1994.

(horn): „Kuhkopf als Überbleibsel“. In: Darmstädter Echo vom 09.02.2007.

Ingelmann, Anja: Das neue Gesicht der Knell. Frühere Industriebrache soll Vorzeige-Gewerbegebiet werden / Mit Merck, Isra Vision und Entega. In: Darmstädter Echo vom 01.09.2021.

Jährling, Silke: „Joe Cockers seltsame Trinksitten“. In: Darmstädter Echo vom 10.05.2011.

Kibler, Michael: 66 völlig unbedeutende Orte in Darmstadt. Darmstadt abseits der Reiseführer. Frankfurt 2015, S. 87.

Király, Susanne: „Bahnhöfe“. In: Stadtlexikon Darmstadt. URL: https://www.darmstadt-stadtlexikon.de/b/bahnhoefe.html. Abgerufen am 20.05.2021.

Klinikum Darmstadt: Standort Eberstadt. URL: https://www.klinikum-darmstadt.de/klinikum/wir-ueber-uns/standort-eberstadt/?L=0&sword_list[]=Ambulanz&sword_list[]=chirurgisch&no_cache=1. Abgerufen am 16.04.2021.

Kotzur, Brigitte und Jürgen: „Das Barth'sche Atelier“. Mainz 2015.

Krebs und Kiefer, Ingenieurbüro: Tunnel Wilhelminenstraße. Darmstadt 1976.

Lopo's Werkstatt: www.Lopo's-werkstatt.de. Abgerufen am 05.05.2021.

(lu): „Glaspyramide auf zwei Ebenen“. In: Rheinpfalz

vom 01.08.1996.

Magistrat der Stadt Darmstadt: Der Hauptbahnhof und seine Baugeschichte. Darmstadt 1993.
Magistrat der Stadt Darmstadt: Die Darmstädter Mathildenhöhe. Architektur im Aufbruch zur Moderne. Darmstadt 1998.

Merck: „Unternehmen / Geschichte". URL: https://www.merckgroup.com/de/company/history/milestones.html. Abgerufen am 09.07.2021.

(mg): „Abbruch am Sonntag". In: Zeitung für Darmstadt vom 13.05.1994, S.3.

(ML): „Kneipp-Kur am Birkenwasser. Erholungsplatz des Hessischen Forstamtes eingeweiht". In: Darmstädter Tagblatt vom 16.06.1971.

Müller, Albin: Aus meinem Leben (Manuskript von 1940). Teilweise veröffentlicht in: Bott, Gerhard (Hrsg.): Von Morris zum Bauhaus – eine Kunst gegründet auf Einfachheit. Darmstadt 1977, S. 249-266.

Netuschil, Claus K.: „Dachstube". In: Stadtlexikon Darmstadt. URL: https://www.darmstadt-stadtlexikon.de/d/dachstube.html. Abgerufen am 25.06.2021.

o. A.: „Als der Saalbau entstand". In: Darmstädter Echo vom 18.08.1950.

o. A.: „Denkmalschützer contra Ministerium für Kunst". In: Frankfurter Allgemeine Zeitung Nr. 22 vom 27.01.1994, S. 39.

o. A.: Ein Flugzeugcafé auf zwei Parkplätzen. In: Heiner, April 2003, S. 4, 21.

o. A.: Ein Flugzeugcafé auf zwei Parkplätzen (2). In: Heiner, Juni 2003, S. 4.

o. A.: Ein Flugzeugcafé auf zwei Parkplätzen (3). In: Heiner, August 2003, S. 4.

o. A.: Ein Flugzeugcafé auf zwei Parkplätzen (4). In: Heiner, März 2004, S. 4, 21.

o. A.: „Herrscher über einhundert Pferdeköpfe". In: Darmstädter Wochenblatt vom 15.02.1950.

o. A.: Merck begrüßt Besucher im neuen Empfangsbereich. Pressemitteilung des Unternehmens Merck. 30.10.2014.

o. A.: „Tür zu. Fenster auf". In: Heiner, April 1993.

o. A.: „Vor 40 Jahren wurde der Käfer Weltmeister". In: Handelsblatt vom 17.02.2012. URL: https://www.handelsblatt.com/mobilitaet/motor/produktionsrekord-1972-vor-40-jahren-wurde-der-kaefer-weltmeister/6223552.html?ticket=ST-862620-NMRJXad6lbKNWHLUVMf3-ap4. Abgerufen am 19.06.2021.

Pahler, Susanne: „Der verschwundene Bauplan". In: Focus Online. URL: https://www.focus.de/familie/lernen/zufallsentdeckungen/der-verschwundene-bauplan-2-koelner-dom_id_2239440.html. Abgerufen am 05.07.2021.

(PB): „Ein in jeder Hinsicht idealer Standort". Personalrat des Darmstädter Finanzamts plädiert für den Neubau an der Soderstraße. In: Darmstädter Echo vom 20.05.1981.

Pieper, Frank-Udo: „Bier in Darmstadt". Krefeld 1997.

Pingel-Rollmann, Heinrich: Widerstand und Verfolgung in Darmstadt und in der Provinz Starkenburg, 1933-1945. Darmstadt 1985, S. 311.

Pleines, Harald: „Ein Bierservice in jedem Darmstädter Haushalt". In: Darmstädter Echo vom 30.09.2020.

Sauer, Mona: „Bau-Muster-Haus". In: Stadtlexikon Darmstadt. URL: https://www.darmstadt-stadtlexikon.de/stadtlexikon-darmstadt/. Abgerufen am 12.06.2021.

Dies.: „Hauptbahnhof". In: Stadtlexikon Darmstadt. URL: https://www.darmstadt-stadtlexikon.de/de/h/hauptbahnhof.html. Abgerufen am 15.08.2021.

Dies.: „Exerzierhaus". In: Stadtlexikon Darmstadt. URL: https://www.darmstadt-stadtlexikon.de/de/e/exerzierhaus.html. Abgerufen am 09.07.2021.

Sauer, Mona: „Felsenkeller". In: Stadtlexikon Darmstadt. URL: https://www.darmstadt-stadtlexikon.de/f/felsenkeller.html. Abgerufen am 29.06.2021.

Dies.: „Fina-Block". In: Stadtlexikon Darmstadt. URL: https://www.darmstadt-stadtlexikon.de/f/fina-block.html. Abgerufen am 29.06.2021.

Dies.: „Marstall". In: Stadtlexikon Darmstadt. URL: https://www.darmstadt-stadtlexikon.de/m/marstall.html. Abgerufen am 29.06.2021.

Schäfer, Werner: „Post". In: Stadtlexikon Darmstadt. URL: https://www.darmstadt-stadtlexikon.de/p/post.html. Abgerufen am 29.06.2021.

Schollenberger, Werner: Röhr – Ein Kapitel deutscher Automobilgeschichte. Darmstadt 1996.

Simane, Jan: „Prunkvolle Bälle im ersten Haus am Platze". In: Feuilleton. Darmstädter ECHO vom 03.08.1991.

Sperlich, Hans-Günther: „Das Alte Palais". In: Fröhlich, Marie; Sperlich, Hans-Günther: „Georg Moller – Baumeister der Romantik". Darmstadt 1959, S. 233-239.

Stadt Darmstadt: Darmstadt erleben: „Naturfreibad

Großer Woog". URL: https://www.darmstadt.de/darmstadt-erleben/freizeit/schwimmbaeder/frei-und-naturbaeder/naturfreibad-grosser-woog. Abgerufen am 09.04.2021.
Stadt Darmstadt: Mathildenhöhe Darmstadt. 100 Jahre Planen und Bauen für die Stadtkrone 1899-1999. Bd. 1 die Mathildenhöhe – ein Jahrhundertwerk. Darmstadt 2004.

Stadt Darmstadt: Umwelt: „Luftreinhaltung". URL: https://www.darmstadt.de/leben-in-darmstadt/umwelt/luftreinhaltung. Abgerufen am 14.09.2021.

Stadtlexikon Darmstadt: „Bessunger Turnhalle". URL: https://www.darmstadt-stadtlexikon.de/b/bessunger-turnhalle.html. Abgerufen am 09.03.2021.

Ebd.: „Exerzierplatz". URL: https://www.darmstadt-stadtlexikon.de/e/exerzierplatz-exert.html. Abgerufen am 22.03.2021.

Ebd.: „Großer Woog". URL: https://www.darmstadt-stadtlexikon.de/g/grosser-woog.html. Abgerufen am 09.04.2021.

Stadtlexikon Darmstadt: „Kleiner Woog". URL: https://www.darmstadt-stadtlexikon.de/k/kleiner-woog.html. Abgerufen am 09.04.2021.

Ebd.: „Trier, Möbelfabrikanten". URL: https://www.darmstadt-stadtlexikon.de/t/trier-moebelfabrikanten.html. Abgerufen am 22.03.2021.

Starkenburger Milchvereinigung: Brief an das Kreisamt Darmstadt, 06.07.1938.

Starkenburger Milchvereinigung: Antrag der Starkenburger Milchvereinigung zwecks Überlassung von 1135 qm Gelände aus staatlichem Besitz. Darmstadt, 25.07.1947.

Svenson, Helge: „Bau-Muster-Haus". In: Bender, Michael; May, Roland (Hrsg.): Architektur der fünfziger Jahre. Die Darmstädter Meisterbauten. Stuttgart 1998, S. 184 f.

Tücks, Petra: Das Darmstädter Neue Palais. Darmstadt / Marburg 2005, S. 225, 251.

Villvock, Nadja: „City-Ring/Tunnel Wilhelminenstraße". In: Stadtlexikon Darmstadt. URL: https://www.darmstadt-stadtlexikon.de/c/city-ring-tunnel-wilhelminenstrasse.html. Abgerufen am 14.09.2021.

(VOS): „Kneipp-Kur im Wald – Eröffnung des Erholungsplatzes am Birkenwasser". In: Darmstädter Echo vom 16./17.06.1971.

(vwd): „Schälbchen kooperiert mit Starkenburger Milch". In: Handelsblatt vom 19.06.1989.

Wagemann, Ines: „Euler, August". In: Stadtlexikon Darmstadt. URL: https://www.darmstadt-stadtlexikon.de/e/euler-august.html. Abgerufen am 29.06.2021.

Wannemacher-Saal, Annette: „Das ist heute das große Weinen". Innenstadt: Am letzten Tag des Fina-Parkhauses bringen die Dauergäste Blumen und Wein mit an den Ludwigsplatz. In: Darmstädter Echo vom 18.07.2005, S. 9.

Dies.: „Einmal wie immer". Heute schließt die Tankstelle im Fina-Block. In: Darmstädter Echo, 1998.

Dies.: „Jetzt fehlt nur noch ein Stadtmuseum. Ludwigshöhe – Ein Modell zeigt, wie es dort vor 1945 aussah – Frage ist nun, wo es auf Dauer ausgestellt werden kann". In: Darmstädter Echo vom 10.04.2012.

Wetterkanal: Kachelmannwetter. URL: https://wetterkanal.kachelmannwetter.com/vor-26-jahren-rekordwaerme-im-februar-gebietsweise-ueber-20-grad/. Abgerufen am 17.06.2021.

Wiest Autohäuser: Wiest Autohäuser, Geschichte. URL: https://wiest-autohaeuser.de/unternehmen/wiest-geschichte/. Abgerufen am 19.06.2021.

Wiest, Ekkehard: „Luisencenter". In: Stadtlexikon Darmstadt. URL: https://www.darmstadt-stadtlexikon.de/l/luisencenter.html. Abgerufen am 29.06./14.09.2021.

Wiest: Privatarchiv.

Wikipedia: „Marstall". URL: https://de.wikipedia.org/wiki/Marstall. Angerufen am 29.06.2021.

Ebd.: „Zeughaus". URL: https://de.wikipedia.org/wiki/Zeughaus. Abgerufen am 09.07.2021.

Wissenschaftsstadt Darmstadt, Der Magistrat, Kulturamt Denkmalschutz (Hrsg.): „Rheinstraße und Luisenplatz". Darmstadt 2000, S. 61-65.

(wka): „Merck: Die Pyramide ist weg". In: Frankfurter Rundschau online 23.11.2014. URL: https://www.fr.de/rhein-main/darmstadt/merck-pyramide-11048707.html. Abgerufen am 09.07.2021.

Wollmann, Hans-Peter: Ausgeparkt. Video des Film- und Video-Clubs Darmstadt. Youtube. URL: https://www.youtube.com/watch?v=wwXhV8c4_YM. Abgerufen am 29.06.2021.

Zaiss, Henning; Wittwer, Gerd; Staat, Klaus: Autenrieth: Erste Darmstädter Karosseriewerke. Darmstadt 1991.

Bildnachweis

Cover: Stadtarchiv

S. 6: Guido Schiek

S. 9: Bild oben:
Fotograf: Jürgen Röhrscheid.
www.roehrscheid-fotografie.de

Bild Mitte: Andreas Kelm

Bild unten: Matthias Voigt

S. 10: Alan Lathan

S. 13: Rudolf Becker

S. 14: ECHO 7.11.1971

S. 16: Jürgen Rellig

S. 20: Claus Völker (ECHO vom 27.2.1993)

S. 25: Michael Kibler

S. 28: Steckenborn, Quelle

S. 29: Thomas Deuster

S. 36: Christoph Beck

S. 38: Vermessungsamt Darmstadt

S. 39: Vermessungsamt Darmstadt

S. 42: Nikolaus Heiss

S. 46: Stadtarchiv

S. 47: Stadtarchiv

S. 56: Hans-Edgar Bickelhaupt

S. 64: Günther Jockel (ECHO 17.3.1989)

S. 66: Martin Brühl

S. 68: Stadtarchiv

S. 70: Bernward Rüpprich

S. 75: Foto Launer

S. 76: Stadtarchiv

S. 78: Stadtarchiv

S. 80: Hessisches Staatsarchiv

S. 84: Stadtarchiv

S. 86: Stadtarchiv

S. 90: Stadtarchiv

S. 92: Hessisches Staatsarchiv

S. 96: Wilhelm Schuchmann

S. 100: Stadtarchiv

S. 104: Archiv Heinz Krapp

S. 114: Staatsarchiv Darmstadt

S. 116: Thomas Deuster

S. 124: Stadtarchiv

S. 126: Stadtarchiv

S. 127: Heinz Joachim Heuser

S. 128: Stadtarchiv

S. 130: Heinz Joachim Heuser

S. 142: Armin Kübelbeck (Kuebi)

S. 146: Archiv Werner Schollenberger

S. 150: Archiv Werner Schollenberger

S. 152: Stadtarchiv

S. 156: Christoph Beck

S. 158: Christoph Beck

S. 162: Eric Barnert

S. 168: Nikolaus Heiss

S. 175: Michael Kibler

S. 176: Till Niermann

S. 178: ECHO 16.2.1957

S. 180: Nikolaus Heiss

S. 181: Michael Kibler

S. 182: Stadtarchiv

SIE WOLLEN NOCH MEHR ÜBER

Darmstadt

WISSEN?

Hier gibt es sachkundige Informationen:

Ehrenamt für Darmstadt e.V.
Marjam Schellhaas ist die Vorsitzende des Vereins „Ehrenamt für Darmstadt e.V.". In über 40 kulturellen Institutionen ist der Verein mit rund 200 Bürgerinnen und Bürgern ehrenamtlich ohne Entgelt aktiv dabei. Willkommen sind sehr herzlich Fördermitglieder und Einsatzfreudige, die sich aktiv beteiligen wollen.
Kasinostraße 3
64293 Darmstadt
E-Mail:
Info@ehrenamt-darmstadt.de
Homepage:
www.ehrenamt-darmstadt.de

Stadtbild Deutschland e.V.
Bundesweit in verschiedenen Ortsvereinen engagiert sich der Verein für ein schöneres Stadtbild. Dies bedeutet in erster Linie Denkmalschutz und Erhalt von städtebaulich wichtigen Altbauten. Die Mitglieder setzen sich auch für die Rekonstruktion zerstörter Bauwerke ein und möchten, dass sich Neubauten passend in die historisch gewachsene Stadt einfügen.
In Darmstadt ist der Verein derzeit dabei, den Ludwigstempel als Baudenkmal wieder aufstellen zu lassen und den Olbrich-Postkartenkiosk für die Mathildenhöhe zu rekonstruieren. Die Mitstreiter möchten darüber hinaus die historische Form des Luisenplatzes durch ein Erlebnismodell zum Alten Palais in Erinnerung bringen.
Homepage: www.darmstadt-stadtbild-deutschland.de

Ralf Kopp
Künstler aus Darmstadt, der mit seinen Werken seit 20 Jahren Aufmerksamkeit erregt.
Homepage: www.ralfkopp.biz
Des Weiteren Mediengestalter rund um Digitale und Analoge.
Homepage:www.ralfkopp.com

Gregor Krisztian
Gregor Krisztian geht seit Frühjahr 202 jeden Monat mit einem neuen, virtuelle Hinguckbuch an den Start. 17 fantasievolle, anregende und unterhaltsame Bücher sind bisher für Klein und Groß erschienen und stehen zum kostenlosen Download bereit. Weitere Themen in Vorbereitung.
Download via Instagram unter #hinguckbuecher
E-Mail: gregorkrisztian@t-online.de

Berit Schmidt-Villnow
Besuchen Sie mich gerne in meinem Atelier
Am Sandacker 16
64295 Darmstadt
Terminvereinbarung unter
E-Mail: Berit@Schmidt-Villnow.de
Homepage:www.berit-schmidtvillnow.c

Publikationen:

Deuster, Thomas: Gewässer in und um Darmstadt. Darmstadt 2018.

Ders.: Die Ludwigshöhe – Der Bessunger Hausberg. Darmstadt 2016.

Ders.: Der Bismarckturm und Waldpark Marienhöhe. Darmstadt 2009.

Ders.: Wanderkarte rund um die Ludwigshöhe. Darmstadt 2010.

Ders.: Wanderkarte rund um das Jagdschloss Kranichstein. Darmstadt 2008.

Immo Grimm, Ruth Reichardt: Ins Licht gerückt... Von der Provinzial-Pflegeanstalt Eberstadt zum Teilklinikum der Stadt Darmstadt 1903 – 2013. Justus von Liebig Verlag, Darmstadt 2013.

Immo Grimm, Wolfgang Kauder: Das Marienhospital Darmstadt – Vom Ordenshospital zur Klinikum-GmbH. Justus von Liebig Verlag, Darmstadt 2018.

Immo Grimm: „Zum Besten der Alten – zur Ehre der Stadt“ Hospital – Pfründnerhaus – Altenheim. Die Geschichte der Emilia Seniorenresidenz im Klinikum Darmstadt 1611 – 2020. Ralf Hellriegel Verlag, Darmstadt 2020.

Besuchen Sie uns im Internet: **www.bast-medien.de**

Haftungsausschluss

Trotz intensiven Austauschs mit unseren Gesprächspartnern, gewissenhafter Literaturrecherche und aufmerksamem Korrekturlesen erheben wir weder einen Anspruch auf Vollständigkeit noch auf Fehlerlosigkeit. Wir haben streng darauf geachtet, keine Urheberrechte zu verletzen, unsere Recherchen sind nach bestem Wissen und Gewissen erfolgt. Dennoch übernehmen wir keinerlei Gewähr für die Aktualität, Korrektheit oder Vollständigkeit der bereitgestellten Informationen. Haftungsansprüche gegen uns schließen wir grundsätzlich aus. Sollte trotz aufwändiger Recherche eine Bildquelle nicht korrekt oder unvollständig angegeben sein oder ein Rechteinhaber übersehen worden sein, bitten wir die betroffene Institution oder Person, sich mit dem Verlag in Verbindung zu setzen.